CHRISTIANE MIGNAULT ■ JEAN-MARC FORGET

L'ESPÈCE HUMAINE

Un regard évolutif sur nos origines

Beauchemin

CHENELIÈRE ÉDUCATION

L'espèce humaine
Un regard évolutif sur nos origines

Christiane Mignault et Jean-Marc Forget

© 2008 Groupe Beauchemin, Éditeur Ltée

Édition : Sophie Jaillot
Coordination : Majorie Perreault
Direction pédagogique : André Tessier
Révision linguistique : Diane Boucher
Correction d'épreuves : Renée Bédard et Sarah Bernard
Conception graphique et infographie :
    Dessine-moi un mouton
Conception de la couverture : Josée Brunelle
Impression : Imprimeries Transcontinental

**Catalogage avant publication
de Bibliothèque et Archives nationales du Québec
et Bibliothèque et Archives Canada**

Mignault, Christiane, 1960-

L'espèce humaine : un regard évolutif sur nos origines

Comprend des réf. bibliogr. et un index.
Pour les étudiants du niveau collégial.

ISBN 978-2-7616-5142-4

1. Homme – Évolution.   2. Homme – Origines.
3. Paléoanthropologie.   4. Évolution sociale.
I. Forget, Jean-Marc, 1957-   .   II. Titre.

GN281.M53 2008   599.93'8   C2008-940432-7

Beauchemin

CHENELIÈRE ÉDUCATION

7001, boul. Saint-Laurent
Montréal (Québec)
Canada H2S 3E3
Téléphone : 514 273-1066
Télécopieur : 514 276-0324
info@cheneliere.ca
Tous droits réservés.

ISBN 978-2-7616-5142-4

Dépôt légal : 2e trimestre 2008
Bibliothèque et Archives nationales du Québec
Bibliothèque et Archives Canada

Imprimé au Canada

1   2   3   4   5   ITM   12   11   10   09   08

Nous reconnaissons l'aide financière du gouvernement du Canada par l'entremise du Programme d'aide au développement de l'industrie de l'édition (PADIÉ) pour nos activités d'édition.

Gouvernement du Québec – Programme de crédit d'impôt pour l'édition de livres – Gestion SODEC.

Sources photographiques

American Museum of Natural History : p. 52, 55, 63, 65 et 89 (au centre).

Ariane Mignault : p. 21, 38, 41, 44, 48, 50, 52-53, 55, 58, 61, 64, 68-69, 86, 87 (en haut), 88 (en haut, au centre et en bas à droite), 89 (en bas).

Clermont et Chapdelaine (1989) : p. 73, 75 et 76.

iStockphoto : page de couverture, Liz Leyden ; p. 3, Niels Laan ; p. 8 à gauche (3 images), Sebastian Kaulitzki ; p. 12, Arpad Benedek ; p. 17 ; p. 30, Stefan Klein ; p. 37, Peter-John Freema ; p. 39, Jiri Moucka ; p. 59, Klaus Nilkens ; p. 67, Fanelie Rosier ; p. 80 ; p. 87 (en bas), Robert Kudera ; p. 88 (en bas à gauche), Chris Bernard et p. 89 (en haut à droite), John Woodcock.

MARK RIDLEY, Evolution, 3rd Edition, Blackwell Publishing, 2003 : p. 11.

Michel Rouleau : p. 16 à gauche.

National Museum of Ethiopia/Handhout/epa/Corbis : p. 47.

Pascale Sicotte : p. 32.

Photos.com : p. 7.

Publiphoto/SPL : p. 16 à droite, CNRI ; p. 46, John Reader.

Robert Larocque : p. 29.

Shutterstock : p. 8 à droite, Linda Bucklin ; p. 9, Linda Bucklin ; p. 31, ecliptic blue ; p. 34, Norma Cornes ; p. 65, Andreas Meyer et p. 84, Scott Maxwell/LuMaxArt.

Sophie Limoges : p. 26.

DANGER

LE
PHOTOCOPILLAGE
TUE LE LIVRE

Table des matières

Introduction

Qui sommes-nous ? D'où venons-nous ? Où allons-nous ? Autant de questions auxquelles l'espèce humaine tente de répondre depuis la nuit des temps. Les réponses proposées à ces interrogations ont été diverses et variées, mais bon nombre d'entre elles étaient en lien avec la religion.

Toutefois, depuis la parution en 1859 du livre de Charles Darwin, *L'origine des espèces au moyen de la sélection naturelle*, on tente d'y répondre à l'aide de l'approche scientifique. La révolution darwinienne a remis l'espèce humaine à sa place dans le monde vivant et, de plus, de nombreuses découvertes réalisées en paléoanthropologie permettent de retracer en partie son parcours évolutif. La science a pris le relais du religieux et apporte un éclairage nouveau. L'objectif de ce livre est de présenter les principales connaissances et théories issues de différentes disciplines des sciences de la nature et des sciences humaines qui s'intéressent à l'origine de l'espèce humaine. Un ouvrage si court ne peut évidemment pas livrer des réponses satisfaisantes à toutes les incertitudes qui entourent le lointain passé, mais il peut offrir un aperçu de ce qu'est aujourd'hui l'espèce humaine, d'où elle vient et où elle va.

« Rien en biologie n'a de sens, si ce n'est à la lumière de l'évolution. »
Theodosius Dobzhansky, 1973

La première partie de ce livre présente quelques connaissances relatives à la place des humains dans le monde vivant et à la théorie de l'évolution, ce grand paradigme des sciences de la vie. Les humains ont été façonnés par des millions d'années d'évolution et n'existent donc pas par décret divin, ce qui explique le fait qu'ils partagent de nombreux traits avec d'autres espèces. L'organisation universelle de la vie, entièrement basée sur la molécule d'ADN, en est une preuve éloquente. Au fil du temps, les humains ont développé des traits faisant d'eux une espèce originale mais, au départ, une grande souplesse de leur programme génétique leur a permis d'avoir recours à la culture pour transgresser les contraintes biologiques de l'adaptation à l'environnement.

Aujourd'hui, les connaissances cumulées dans plusieurs champs de recherche donnent une meilleure vue d'ensemble du passé. La seconde partie de cet ouvrage présente trois d'entre eux : l'archéologie – étude de la diversité culturelle dans la préhistoire –, la paléoanthropologie – science qui s'intéresse à la diversité biologique de nos ancêtres dans les temps paléontologiques – et, enfin, la primatologie – discipline fort pertinente pour mieux comprendre le comportement de ces ancêtres.

Le principal objectif de la troisième partie est de dresser un portrait global des connaissances actuelles relatives au parcours évolutif de l'espèce humaine. Toutes les espèces d'homininés actuellement répertoriées ne pouvant être présentées, vu leur nombre, certains choix s'avéraient nécessaires. Depuis une dizaine d'années, la paléoanthropologie a connu une effervescence remarquable grâce à des découvertes inédites. Les informations présentées dans cette partie se concentrent toutefois davantage sur les espèces les mieux connues et sur quelques débats qui les entourent.

Parler du passé de l'espèce humaine sans s'interroger sur son futur est, à toutes fins utiles, impensable. Que réserve l'avenir ? Les humains se laisseront-ils tenter par les multiples possibilités offertes par le génie génétique afin de s'affranchir de la nature ? Prendront-ils le contrôle de leur propre destinée ? Voilà quelques pistes de réflexion qui seront très brièvement explorées dans la quatrième partie.

Tout au long de ce livre, des encadrés sont disposés ici et là, certains décrivant le travail réalisé par des chercheurs québécois qui œuvrent dans différents champs de recherche rattachés à la préhistoire. Un glossaire est aussi présenté à la fin de l'ouvrage. On y trouve la définition des mots en gras dans le texte.

La réalité de l'évolution

L'**évolution** est reconnue aujourd'hui comme une réalité par la très vaste majorité des scientifiques. Cependant, comme l'évolution est un phénomène qui se déroule sur des milliers d'années, on ne peut généralement pas l'observer au cours d'une vie humaine, ce qui a sans doute contribué à la réticence de certains à reconnaître l'existence de ce phénomène. Pour les spécialistes, les mécanismes par lesquels l'évolution entre en action demeurent parfois matière à discussion, ce qui en soi n'a rien d'anormal.

C'est à partir du XVIIIe siècle que des naturalistes amorcent une réflexion scientifique au sujet de la transformation du monde vivant. Néanmoins, aucun d'entre eux ne suggère ou n'identifie correctement une mécanique convaincante pour expliquer ces transformations. Au XIXe siècle, Charles Darwin sera le premier à y parvenir, en proposant le mécanisme de la sélection naturelle pour expliquer la transformation du monde vivant. Darwin présumait que toutes les formes de vie avaient une origine unique et qu'elles seraient toutes issues d'un ancêtre primordial ayant vécu il y a très longtemps.

Lamarck est le premier naturaliste ayant élaboré une véritable explication de la transformation du monde vivant. Fermement convaincu que la vie évoluait, il a lutté tout au long de son existence pour défendre cette idée.

La réalité de l'évolution : quelles sont les preuves ?

L'anatomie comparée fournit des exemples éloquents de la réalité de l'évolution. Par exemple, une étude approfondie du squelette de l'humain témoigne des liens de parenté qui l'unissent au monde vivant (*voir la figure aux pages 8 et 9*). En effet, le corps humain est un assemblage de différentes caractéristiques

La réalité de l'évolution
Pour connaître notre passé
Panorama de la lignée humaine
Vers l'avenir

Charles Darwin (1809-1882)

Naturaliste anglais issu d'une famille bourgeoise dont le père était médecin de campagne, Charles Darwin fait des études en médecine et en théologie. Mais sa véritable passion se révélera par un intérêt hors du commun pour l'histoire naturelle.

En 1831, il est engagé en tant que naturaliste à bord du *Beagle* pour effectuer un voyage, d'une durée de cinq ans, dont la mission est de cartographier les côtes de l'Amérique du Sud, ce qui transformera à jamais sa vie. Au cours de ce périple, Darwin en profite pour recueillir des spécimens variés de la flore et de la faune, et il nourrit sa grande curiosité en lisant des ouvrages relatifs à plusieurs domaines, dont la géologie.

La visite des îles Galapagos constitue sans doute l'apogée de ce voyage. Darwin y observe minutieusement une flore et une faune uniques. On y trouve notamment plusieurs espèces de pinsons alors qu'il n'en existe qu'une seule en Amérique du Sud. Darwin se questionne : pourquoi est-ce ainsi ? En fin observateur, il confronte les connaissances acquises dans ses cours de théologie avec ce qu'il observe.

De retour en Angleterre en 1836, Darwin se penche dès lors sur l'œuvre qui allait l'occuper le reste de sa vie : la théorie de l'évolution. Il ne publie pas immédiatement les fruits de sa réflexion pour éviter une polémique facilement imaginable dans le contexte puritain et religieux de son époque.

En 1859, Darwin publie finalement son essai parce qu'un autre chercheur, Alfred Russel Wallace, est parvenu aux mêmes conclusions que lui. Tous les exemplaires de la première édition de son livre *L'origine des espèces au moyen de la sélection naturelle* se vendent en une seule journée. Cet événement marque le début, autour de cette théorie, d'une contestation qui perdure encore aujourd'hui.

apparues au cours de l'évolution de la vie, lequel a commencé il y a 1,7 Ga (milliards d'années) avec l'apparition des premiers eucaryotes. Il est donc fabriqué à partir d'éléments anatomiques qui sont déjà présents chez d'autres espèces actuelles ou du passé, une preuve tangible du bricolage de l'évolution comme le disait le biologiste François Jacob.

Le bagage évolutif des humains

Le corps humain est constitué de l'assemblage de différentes innovations évolutives, dont certaines sont apparues il y a plusieurs millions d'années (les dates entre parenthèses indiquent le moment approximatif où ces caractéristiques sont apparues).

Le squelette de l'être humain porte les traces de l'héritage des :

1. **Eucaryotes :** cellules contenant un noyau qui renferme le bagage génétique (1,7 Ga)

2. **Métazoaires :** composés de millions de cellules et **hétérotrophes** (680 Ma)

3. **Chordés** et **vertébrés :** colonne vertébrale (530 Ma)

4. **Crâniates :** édification du crâne (530 Ma)

5. **Gnathostomes :** mâchoires articulée pour saisir des proies (410 Ma)

6. **Ostéichtyens :** os véritable (420 Ma)

7. **Rhipidistiens :** poumons à alvéoles (420 Ma)

8. **Tétrapodes :** deux paires de membres avec doigts, cou qui prend forme (368 Ma)

9. **Amniotes :** amnios entourant l'embryon (340 Ma)

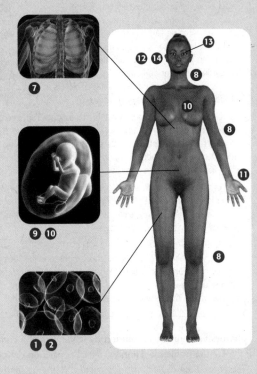

La réalité de l'évolution
Pour connaître notre passé
Panorama de la lignée humaine
Vers l'avenir

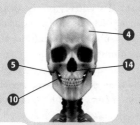

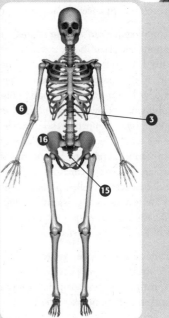

10. **Mammifères :** hétérodontie, trois osselets dans l'oreille moyenne, poils, grossesse interne et lactation, homéothermie (220 Ma)

11. **Primates :** pouce opposable et ongles plats (55 Ma)

12. **Haplorrhiniens :** nez au lieu d'une truffe (55 Ma)

13. **Anthropoïdes :** vision binoculaire (yeux orientés vers l'avant), perception des couleurs, orbites fermées par une paroi osseuse (34 Ma)

14. **Catarrhiniens :** narines orientées vers le bas (34 Ma)

15. **Anthropomorphes :** coccyx, absence de queue, taille imposante (23 Ma)

16. **Homininés :** bipédie qui se reconnaît entre autres à la forme du bassin (10 à 8 Ma)

L'anatomie comparée permet de confronter différentes espèces sur des critères précis, dans le but notamment de déterminer si les ressemblances anatomiques observées proviennent ou non d'un ancêtre commun. Dans le cas d'un héritage commun, on dit qu'il s'agit d'une **homologie**. Par exemple, les actions de nager, creuser, courir, marcher ou voler observées chez différents **vertébrés** sont rendues possibles par les mêmes os, qui ont changé en dimension au fil du temps (*voir l'illustration de la page suivante*). De telles ressemblances suggèrent l'existence d'un ancêtre commun.

L'ordre de succession paléontologique des vertébrés constitue un autre exemple. Imaginons un scientifique extraterrestre venu sur terre pour étudier les vertébrés modernes. En fin observateur, il diviserait les différents types d'animaux dans les catégories suivantes : poissons, amphibiens, reptiles, mammifères et oiseaux. Des études comparatives lui révéleraient que les amphibiens et les reptiles sont des formes intermédiaires entre les poissons et les mammifères. Cette déduction logique, basée sur la morphologie des espèces actuelles, propose donc que la séquence évolutive dans le temps soit poissons – amphibiens – reptiles – mammifères – oiseaux et non, par exemple, poissons – mammifères – oiseaux – amphibiens – reptiles.

> « Tout être vivant est aussi un fossile. Il porte en soi, et jusque dans la structure microscopique de ses protéines, les traces, sinon les stigmates, de son ascendance. »
>
> *Jacques Monod, 1970*

Il serait assez simple pour notre scientifique extraterrestre de vérifier la validité de sa déduction au moyen des archives fossiles. En effet, l'ordre d'apparition observé dans les registres paléontologiques correspond en tout point à la séquence chronologique anticipée par l'examen des traits des groupes modernes de vertébrés. Ainsi, le plus vieux des fossiles de mammifères est plus récent que le plus vieux des fossiles d'amphibiens, le plus vieux des fossiles de poissons est plus ancien que le plus vieux des fossiles de reptiles, et ainsi de suite. Mark Ridley rapporte d'ailleurs que John Burdon Sanderson

La réalité de l'évolution
Pour connaître notre passé
Panorama de la lignée humaine
Vers l'avenir

Haldane « a dit un jour qu'il cesserait de croire en l'évolution si on découvrait un lapin fossile du précambrien » (1997 : 64).

Les organes rudimentaires témoignent aussi de vieilles parentés entre des espèces maintenant séparées. À preuve, on note parfois que des organes identiques à ceux qui étaient destinés à devenir pleinement fonctionnels à la naissance disparaissent complètement au cours du développement embryonnaire.

Toutefois, il est possible d'observer la persistance chez un individu adulte de structures anatomiques, dépourvues de propriétés fonctionnelles aujourd'hui, qui avaient une pleine utilité chez des espèces ancestrales. La baleine, un mammifère marin, est un exemple révélateur. Son squelette porte le souvenir des pattes postérieures de ses lointains ancêtres qui couraient jadis sur la terre ferme : il est pourvu d'un bassin vestigial, c'est-à-dire des restes d'un bassin doté de fémurs et de tibias aujourd'hui atrophiés. Le retour à l'eau des ancêtres terrestres de la baleine a conduit l'évolution à sélectionner, au fil du temps, les individus qui avaient les caractéristiques les mieux adaptées à la vie marine. Comme la forme hydrodynamique

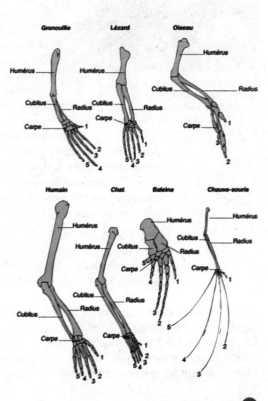

des poissons est la meilleure pour se déplacer dans ce milieu, le format corporel de la baleine a été modelé par la sélection naturelle au fil du temps et il ressemble à celui des poissons parce que les baleines habitent le même milieu. C'est ce qu'on appelle la convergence adaptative. Mais il n'en demeure pas moins que la baleine est un mammifère : elle met au monde un petit qui s'est développé dans un utérus, et ce petit boit le lait des mamelles de sa mère et doit venir respirer l'air à la surface de l'eau.

Les fossiles, tel ce fossile de poisson, constituent une preuve éloquente de l'évolution. Ce sont eux qui permettent de mieux connaître l'histoire de la vie.

À son tour, l'humain n'échappe pas à ces curiosités de l'évolution. Les mâles de l'espèce humaine comme ceux des autres espèces de mammifères possèdent toujours des rudiments de mamelles. Le coccyx humain, une structure osseuse constituée de quatre à six vertèbres soudées entre elles, est le vestige d'une queue ancestrale encore entourée de petits muscles atrophiés impuissants à la remuer. L'appendice vermiculaire du gros intestin de l'humain est tout ce qui reste d'une cavité autrefois plus grande dont le rôle était dévolu à la digestion de végétaux chez de lointains ancêtres. Ces quelques exemples témoignent du passé évolutif de l'espèce humaine.

Une des preuves de l'évolution qui a fasciné Darwin est sans aucun doute l'embryologie. Comme l'a dit Ernst Haeckel en 1868, « [l]'ontogenèse est la récapitulation de la phylogenèse » (Lecointre, 2004). C'est comme si les phases du développement embryonnaire (l'ontogenèse) des vertébrés actuels récapitulaient les grandes étapes de leur propre histoire évolutive (la phylogenèse). On observe donc une

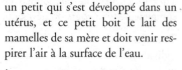

Les humains possèdent autour de leurs oreilles un autre vestige de l'évolution : de petits muscles atrophiés qui servaient jadis à bouger le pavillon de l'oreille, comme le font les autres mammifères.

La réalité de l'évolution
Pour connaître notre passé
Panorama de la lignée humaine
Vers l'avenir

ressemblance entre le développement embryonnaire des espèces qui sont issues des mêmes ancêtres.

Lorsqu'on étudie la croissance d'un embryon humain, on y voit le reflet de l'histoire commune des humains avec celle de l'ensemble des vertébrés. Puisque l'ontogenèse évolue dans le temps phylogénétique, les plus anciens traits apparus dans l'histoire évolutive des vertébrés sont toujours les premiers à se mettre en place chez l'embryon. À cet effet, comme le mentionne Lecointre (2004), « si deux structures ont une origine embryologique commune, elles doivent avoir en première approximation une origine phylogénétique commune ». Ainsi, bien malin qui pourrait faire la différence entre l'ébauche d'une aile de chauve-souris, d'une nageoire de dauphin, d'une patte de cheval ou d'une main humaine dans les stades précoces du développement embryonnaire de ces vertébrés.

Cette similitude permettra à Darwin de dégager le concept de divergence évolutive à partir d'un ancêtre commun (Tort, 1996) : un héritage ancestral commun est d'abord légué à toute la communauté de descendance des vertébrés – d'où ces ressemblances dans leurs premiers stades de développement –, puis vient la mise en place, dans un second temps, des caractères propres aux espèces appartenant à leurs groupes de vertébrés respectifs.

L'unité des êtres vivants constitue sans doute une autre preuve très solide de l'évolution. Elle s'observe tant au niveau moléculaire que sur le plan génétique, un héritage de LUCA (acronyme pour Last Universal Common Ancestor). La totalité des espèces des différentes lignées qui constituent le monde vivant est construite à partir de protéines à base notamment de carbone et aussi d'un code génétique s'exprimant par l'entremise de l'**ADN**. Une telle stabilité structurale au cours du temps n'est-elle pas une puissante preuve des liens généalogiques qui unissent tous les êtres vivants ?

L'évolution en procès

Jamais théorie scientifique n'aura suscité autant de débats que la théorie de l'évolution. Les principaux duels entre évolution et religion ont eu lieu aux États-Unis et se sont soldés par trois procès. Dans ce pays, le Premier Amendement garantit la séparation entre l'État et la religion. On y spécifie qu'aucune religion ne doit être favorisée au détriment d'une autre. C'est la raison pour laquelle la religion est un sujet exclu du curriculum scolaire. Quant à l'évolution, le Butler Act, en 1925, en a interdit l'enseignement dans l'État du Tennessee. L'American Civil Liberties Union (ACLU) a été la première à se porter à la défense de cette théorie. Elle a proposé à John Scopes, professeur de biologie, de se reconnaître coupable d'avoir contrevenu au Butler Act. Sa victoire a été symbolique, car la loi est tout de même demeurée en vigueur jusqu'en 1967. Au début des années 1980, les créationnistes américains ont lancé une deuxième offensive : ils ont demandé d'accorder un temps égal à l'enseignement de l'évolution et à la « science » créationniste. De nombreux témoins ont plaidé que la création n'est pas une théorie scientifique. Les créationnistes ont perdu ce procès mais, au cours des années, ils ont déployé de nouvelles stratégies. Ils ont pris le contrôle de certaines commissions scolaires (school boards) et ont réussi à faire retirer du curriculum des cours de biologie tout ce qui avait trait à l'évolution, ou à faire inscrire des avertissements dans les manuels insistant sur le fait que l'évolution n'est qu'une théorie. Leur dernière arme est le dessein intelligent (intelligent design). Selon cette thèse, la sélection naturelle ne peut expliquer la complexité du monde vivant ; il y aurait donc un dessein sous-jacent, une intention surnaturelle, qui piloterait l'évolution. Les tenants de l'évolution voient dans le fameux dessein l'équivalent de Dieu, mais les tenants du dessein intelligent évitent autant que possible d'utiliser le mot religion, devenu tabou pour eux à la suite de différents revers subis devant les tribunaux. Néanmoins, ces derniers gagnent du terrain. Au début de l'année 2005, à Dover, en Pennsylvanie, ils ont réussi à faire voter à la commission scolaire une motion qui oblige les professeurs de biologie à lire à voix haute une déclaration à l'effet que l'évolution n'est qu'une théorie comportant des lacunes et que le dessein intelligent est une théorie alternative qui cherche à expliquer certaines d'entre elles. Soulignons que les professeurs de biologie ont refusé de lire cette déclaration et que ce sont des administrateurs qui ont dû le faire. Les créationnistes suggèrent aux étudiants d'aller consulter le livre Of Pandas and People, la référence du dessein intelligent. L'épineux problème du dessein intelligent est qu'il n'est pas vérifiable, un critère élémentaire que doit respecter toute théorie scientifique. Puisqu'il s'agit en fait de croyance religieuse plutôt que de science, le juge John E. Jones III a tranché, le 20 décembre 2005, que le dessein intelligent n'a pas à être enseigné. Il a aussi souligné à quel point ce procès a gaspillé les fonds publics et déploré l'hypocrisie des membres de la commission scolaire. À quand la prochaine offensive ?

La réalité de l'évolution
Pour connaître notre passé
Panorama de la lignée humaine
Vers l'avenir

L'apport de la génétique moderne

Dans la première moitié du XXᵉ siècle, des spécialistes de plusieurs domaines ont intégré à la théorie de Darwin des découvertes réalisées dans plusieurs champs de recherche, notamment en paléontologie et en génétique : c'est ce qu'on appelle la théorie synthétique de l'évolution.

La génétique a fourni un apport remarquable aux idées de Darwin. Quel est le lien entre l'évolution et la génétique ? En fait, l'évolution est un phénomène qui affecte la fréquence, dans une population, de certains traits d'origine génétique. Afin de comprendre comment se produit l'évolution, on doit recourir à des concepts de base de la génétique.

De la cellule à la mutation

Les êtres vivants sont constitués de **cellules** (parfois d'une seule). Les cellules des êtres pluricellulaires contiennent un noyau, et c'est à l'intérieur que se trouve le support de la transmission des traits biologiques, les **chromosomes**. Ceux-ci ressemblent à de petits bâtonnets et se présentent par paires.

Les êtres humains possèdent 23 paires de chromosomes. Le nombre de paires n'est pas proportionnel à la complexité des organismes : le poulet en compte 39. Mais le chimpanzé, qui est l'animal le plus près de l'humain, génétiquement, en compte 24. Les informations portées par les paires n° 1 et n° 2 des chimpanzés sont celles qu'on retrouve sur la paire n° 1 de l'humain.

On sait aujourd'hui que des segments de chromosomes correspondent aux **gènes**. Chacun de ces derniers est responsable de la fabrication d'une ou de quelques protéines

Chaque individu hérite d'un chromosome de chacune des paires de chromosomes de ses parents lors de sa conception. Les parents transmettent ainsi aléatoirement la moitié de leur bagage génétique à leur progéniture.

La cellule et le caryotype humain

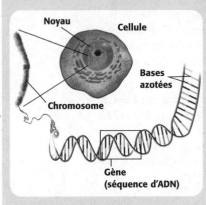

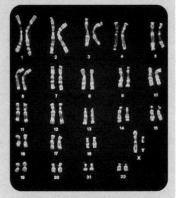

Dessin représentant une cellule. Le noyau, au centre, contient les chromosomes, qui sont composés d'ADN.

Caryotype d'un homme contenant 23 paires de chromosomes.

singulières. Mais les gènes polymorphes sont ceux qui nous intéressent plus particulièrement : ce sont des **allèles**, c'est-à-dire des gènes qui peuvent varier d'un individu à l'autre. Ils sont responsables des différences anatomiques, physiologiques, voire comportementales, entre les individus. Par exemple, deux allèles codent pour la forme du lobe de l'oreille. On peut les identifier avec les lettres A et a. Ceux qui reçoivent de leurs parents deux copies de l'allèle a ont un lobe d'oreille adhérent. Ce type de caractère est appelé **récessif** : il ne s'exprime que lorsqu'un individu l'a reçu de ses deux parents. Ceux qui reçoivent AA ou Aa ont des lobes d'oreilles détachés. L'allèle A est appelé **dominant**.

Le décryptage du génome humain a démontré que les humains possèdent environ 30 000 gènes, alors que, il n'y a pas si

La réalité de l'évolution
Pour connaître notre passé
Panorama de la lignée humaine
Vers l'avenir

longtemps, on croyait que ce nombre avoisinait les 100 000. Les chromosomes, les gènes et les allèles sont composés d'ADN, la molécule qui constitue la trame de la vie. Celle-ci est construite à partir de quatre bases, soit la cytosine (C), la thymine (T), l'adénine (A) et la guanine (G). Ces bases, l'équivalent d'un alphabet à quatre lettres, sont placées selon un ordre variable, un peu à la manière des lettres qui composent les mots. Ces « mots » du dictionnaire de la génétique ont toutefois la particularité de toujours être composés de trois lettres. La lecture du code se fait donc par séquence de mots de trois lettres seulement. Ces derniers, appelés codons, correspondent à des **acides aminés** particuliers, qui sont au nombre de 20. Puisqu'une chaîne d'acides aminés constitue une protéine spécifique, c'est donc l'ordre dans lequel se trouvent les codons (les mots de trois lettres) qui confère ainsi à la protéine une structure, une fonction et des propriétés exclusives.

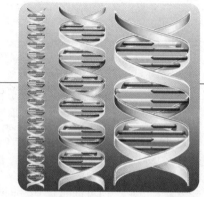

Schéma d'une molécule d'ADN

Une mutation est un changement, c'est-à-dire un ajout, une suppression (appelée délétion) ou le remplacement d'une de ces bases, dans la séquence des codons d'un gène. On sait aujourd'hui que les mutations peuvent être avantageuses, désavantageuses ou neutres (c'est-à-dire sans effet sur la survie ou le succès reproducteur d'un individu). Tout dépend en fait de l'environnement dans lequel vit cet individu.

Les agents mutagènes ont la capacité d'induire des modifications dans le matériel génétique. Ils peuvent être d'origine chimique (certains pesticides, par exemple) ou d'origine physique (certains types de radiation).

Un exemple de délétion

Séquence normale :

| ATT | ATC | ATC | TTT | GGT | GTT | TCC |

Séquence mutée responsable de la fibrose kystique :

| ATT | ATC | TTT | GGT | GTT | TCC |

Voici un exemple de délétion. On peut voir une partie de la séquence normale des codons du gène associé à la fibrose kystique. Pour qu'une personne soit atteinte de cette maladie, elle doit avoir reçu de ses deux parents la séquence du bas, dans laquelle il y a eu délétion (le codon ATC est manquant), parce que cette condition est récessive. Si elle n'a reçu qu'une seule séquence anormale, elle sera porteuse de cette condition sans en être atteinte.

Du point de vue biologique, l'évolution se définit comme un changement, au fil des générations, dans la fréquence des allèles d'un gène, dans une population donnée. Ce changement peut résulter de l'action de différents mécanismes, mais le plus connu est sans doute celui de la sélection naturelle.

Les différents mécanismes évolutifs

Pierre angulaire de la théorie darwinienne, la **sélection naturelle** a reçu une attention exceptionnelle de la part des biologistes. Elle repose sur différents postulats.

Tout d'abord, il naît plus d'individus que l'environnement ne peut en supporter : il se crée conséquemment une compétition entre eux pour l'accès aux différentes ressources, ce que Darwin appelait métaphoriquement la lutte pour la survie. Dans cette « lutte », qui sera le plus apte à survivre et à laisser une plus grande descendance ? Ce sont généralement les individus qui ont reçu de leurs parents les meilleurs attributs génétiques en réponse aux règles du jeu de la nature.

La réalité de l'évolution
Pour connaître notre passé
Panorama de la lignée humaine
Vers l'avenir

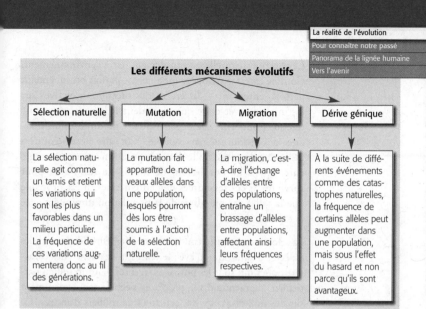

Les différents mécanismes évolutifs

Sélection naturelle — La sélection naturelle agit comme un tamis et retient les variations qui sont les plus favorables dans un milieu particulier. La fréquence de ces variations augmentera donc au fil des générations.

Mutation — La mutation fait apparaître de nouveaux allèles dans une population, lesquels pourront dès lors être soumis à l'action de la sélection naturelle.

Migration — La migration, c'est-à-dire l'échange d'allèles entre des populations, entraîne un brassage d'allèles entre populations, affectant ainsi leurs fréquences respectives.

Dérive génique — À la suite de différents événements comme des catastrophes naturelles, la fréquence de certains allèles peut augmenter dans une population, mais sous l'effet du hasard et non parce qu'ils sont avantageux.

Cela suppose qu'il existe une variation génétique entre les membres d'une même population : ils diffèrent donc les uns des autres, ce qu'on appelle la variabilité interindividuelle. Dans un contexte particulier de pression sélective, les individus qui ont hérité d'allèles avantageux de leurs parents bénéficieront de meilleures chances dans la course à la survie et au succès reproductif. Chaque individu est tout simplement soumis au tamis de la sélection naturelle, car il est le véhicule d'une variation génétique, une combinaison pouvant s'avérer avantageuse ou désavantageuse.

S'il a hérité d'une combinaison désavantageuse, il n'y peut rien. Les individus sont des unités de variation soumises à la sélection naturelle, mais c'est la population, le bassin de reproduction en fait, qui évolue au fil du temps. Darwin présumait que la sélection naturelle s'emparait des caractères adaptatifs et que, à la longue, ce tri conduisait à la spéciation, c'est-à-dire la formation de nouvelles espèces.

La sélection naturelle est intimement liée à l'environnement. Comme les écosystèmes se modifient – parfois brusquement, parfois lentement –, ils créent des pressions sélectives sur les individus, et ceux qui répondent le mieux sont donc retenus pour leur valeur génétique. Une diminution marquée des ressources, par exemple, peut faire en sorte que les individus de petite taille d'une population seront avantagés parce qu'ils auront besoin de moins de ressources pour survivre. Si ces ressources demeurent rares, il est probable que la taille des membres de la population diminuera avec le temps.

La sélection naturelle conduit à une meilleure adaptation des espèces, c'est-à-dire qu'avec le temps la fréquence des caractéristiques qui sont les plus avantageuses dans un milieu particulier augmentera. Ce processus s'échelonne évidemment sur des milliers, voire des centaines de milliers d'années. Ce que nous voyons aujourd'hui résulte en fait de l'action de la sélection naturelle sur des millions d'années. Il ne faut donc pas s'étonner de l'extraordinaire complémentarité observée entre les espèces et le milieu qu'elles habitent.

Alors que la sélection naturelle fait le tri parmi les variations présentes dans une population et sélectionne les combinaisons les plus avantageuses, il existe d'autres mécanismes qui peuvent induire des changements évolutifs.

Un de ces mécanismes est la mutation, qui fait apparaître aléatoirement de nouvelles variations dans une population, changeant ainsi la fréquence des allèles du gène touché. Une mutation peut demeurer longtemps dans le pool génique d'une population et passer inaperçue. Puis, une modification subite du milieu peut tout à coup favoriser sa diffusion.

Chez les humains, par exemple, on sait que certaines personnes possèdent un allèle particulier du gène CCR5, localisé sur le chromosome 3, dont l'avantage est de diminuer les

La réalité de l'évolution
Pour connaître notre passé
Panorama de la lignée humaine
Vers l'avenir

Sélection naturelle et espèce humaine : le cas de l'anémie falciforme

Sans doute un des cas les mieux documentés, l'anémie falciforme montre comment la sélection naturelle peut agir chez l'espèce humaine. Cette maladie récessive affecte la structure de l'hémoglobine des personnes qui en sont atteintes, comme le montre l'illustration ci-contre.

Les généticiens des populations ont remarqué la grande prévalence de l'anémie falciforme en Afrique subsaharienne, là où sévit une autre maladie qui n'a rien d'héréditaire, la malaria. Les personnes les plus susceptibles de contracter la malaria et d'en mourir sont celles qui ont reçu deux copies de l'allèle dominant codant pour une hémoglobine normale. L'allèle délétère responsable de cette maladie confère un avantage cer-

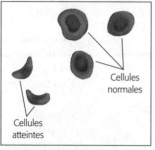

L'hémoglobine des personnes atteintes d'anémie falciforme ressemble à des faux, des faucilles, de là le nom de la maladie. Les cellules normales ressemblent plutôt à des beignes.

tain contre la malaria, puisque les personnes atteintes d'anémie falciforme et les personnes porteuses de cette condition courent moins de risques de la contracter ou d'en mourir.

Quand on mesure le succès reproductif, on se rend compte que les personnes atteintes de l'anémie falciforme laissent peu de descendants (elles sont protégées de la malaria mais décèdent des complications secondaires de l'anémie falciforme si elles ne reçoivent pas de soins médicaux), alors que celles qui ne sont ni porteuses ni atteintes souffrent d'un haut taux de mortalité à cause de leur susceptibilité à contracter la malaria. Les grands gagnants dans ces régions sont donc les porteurs de l'anémie falciforme : ils n'en souffrent pas et ils sont protégés de la malaria, ce que, dans la terminologie scientifique, on appelle « l'avantage des hétérozygotes ». Plusieurs recherches confirment que les porteurs de certaines maladies génétiques récessives semblent protégés contre d'autres types de maladies.

risques de contracter le VIH (sida). Cette mutation est présente (avec une fréquence variable) dans plusieurs populations d'origine caucasienne, alors que le phénomène est rarement observé au sein des populations asiatiques et africaines. Tout porte à croire que cette mutation aurait avantagé certains individus de ces populations pour les protéger d'une autre maladie, possiblement la peste, il y a de cela quelques centaines d'années. Inscrite de longue date dans le génome humain mais devenue inutile avec le temps, cette mutation confère désormais des avantages pour contrer le VIH.

Un autre mécanisme évolutif bien connu, la **dérive génique**, se définit comme un changement aléatoire dans la fréquence des allèles d'un gène. Le meilleur exemple de dérive génique est fourni par des cas d'effets fondateurs ayant touché spécifiquement les populations humaines au cours du temps (*voir l'encadré ci-dessous*). En se dispersant sur la planète, ces populations voient la fréquence de leurs allèles se démarquer de la population mère dont elles sont issues.

L'évolution en action au Québec

La région du Saguenay–Lac-Saint-Jean a suscité l'intérêt des généticiens parce qu'on y observe une plus grande prévalence de certaines maladies récessives extrêmement rares dans le monde, comme la tyrosinémie et l'acidose lactique (1 cas pour 1846 naissances contre 1 pour 16 000 dans le reste du Québec, par exemple) (Gagnon et autres, 2001). Des conditions spécifiques à cette région ont aussi été identifiées, telle l'ataxie récessive spastique autosomique de Charlevoix-Saguenay. Pourquoi ?

L'explication la plus plausible est que cette population aurait été affectée par un effet fondateur (plus d'un, selon certains) : cette région a été peuplée par un petit nombre de fondateurs et elle est demeurée plus ou moins isolée du reste du Québec. Certaines familles ont été prolifiques, et de nombreux enfants sont demeurés dans leur région d'origine. On présume que certains des fondateurs avaient des allèles rares, mais comme la population était petite, leur fréquence a augmenté au fil du temps à cause d'une vieille consanguinité. (Attention, ce type de consanguinité ne provient pas d'unions consanguines, mais bien du fait que ces individus partageaient un petit nombre d'ancêtres communs. D'ailleurs, les unions entre cousins sont plus rares au Lac-Saint-Jean qu'ailleurs au Québec.)

Même si on trouve plus fréquemment dans cette région des cas de maladies génétiques rares, la fréquence d'autres maladies génétiques présentes dans le reste du Québec, comme la phénylcétonurie, y est plus faible (Bouchard, 2004). Grâce aux données disponibles dans les registres des églises, les généticiens des populations ont même été capables d'identifier, dans certains cas, le nom des personnes qui étaient porteuses de ces conditions à l'origine.

La réalité de l'évolution
Pour connaître notre passé
Panorama de la lignée humaine
Vers l'avenir

On peut comparer l'effet fondateur à une erreur d'échantillonnage. Présumons qu'une personne dans une population soit porteuse d'un allèle très rare. Si quelques membres de cette population émigrent et que cette personne fait partie du groupe, la fréquence de cet allèle augmentera de façon draconienne tout simplement parce que la taille de la nouvelle population sera très petite. D'autres cas de dérive génique sont liés à des catastrophes (tremblements de terre, etc.) qui ont eu comme conséquence de voir grandement diminuer l'effectif d'une population.

L'évolution aujourd'hui

Le mécanisme évolutif de la sélection naturelle est aujourd'hui bien compris : les espèces vivantes sont soumises à des pressions sélectives, et elles se transforment au cours du temps. Les individus dotés des meilleurs atouts survivent et laissent davantage de descendants. L'espèce humaine est le résultat de l'action de ce mécanisme et d'autres, comme la dérive génique, quoique ces derniers soient parfois court-circuités par l'évolution culturelle.

Le domaine de l'évolution est en pleine effervescence. Jadis l'apanage des sciences de la nature, ce paradigme est dorénavant utilisé dans différents domaines des sciences humaines comme la psychologie évolutionniste, qui cherche à démontrer que le cerveau humain a été modelé par l'évolution et que c'est pour cette raison que certaines phobies, comme la peur du noir, sont présentes chez l'être humain.

L'évolution a façonné l'espèce humaine sur le plan anatomique, certes, mais également sur le plan comportemental. Le comportement humain actuel peut d'ailleurs être mieux compris en tenant compte des contraintes qui l'ont influencé, ce qui, toutefois, ne signifie pas qu'il soit prédéterminé. Faire fi de cet héritage évolutif serait malheureux : les humains ne constituent pas une espèce à part du reste du monde vivant.

Pour connaître notre passé

Différentes disciplines contribuent à mieux faire connaître le passé de l'espèce humaine et donnent des indices permettant de mieux résoudre les énigmes de son histoire évolutive et culturelle.

L'archéologie préhistorique

En contexte universitaire, on définit l'**archéologie** préhistorique comme étant l'étude de la diversité culturelle diachronique de l'espèce humaine. Autrement dit, cette discipline cherche à faire revivre la mémoire des populations disparues qui ne disposaient pas de l'écriture en étudiant leurs vestiges matériels abandonnés sur des sites qu'elles fréquentaient. Pour mener à bien ses enquêtes, l'archéologie doit compter sur l'apport d'autres sciences, comme la physique et la géologie. Globalement, l'archéologue s'interroge sur les motivations des populations humaines et sur les façons dont elles prenaient possession de l'espace et du territoire sur lequel elles s'installaient, afin d'esquisser l'histoire d'un processus culturel complexe qui se cache derrière ses découvertes.

La préhistoire, laquelle constitue environ 99 % de notre passé, couvre la période précédant l'avènement de l'écriture, c'est-à-dire, approximativement, il y a plus de 5000 ans.

Comme dans toute démarche scientifique, l'archéologue doit au départ établir sa problématique de recherche. Puisqu'il enquête sur des sociétés mortes et muettes, ses sources d'information seront constituées de plusieurs types de témoins culturels comme le sont par exemple les artefacts (poteries ou tessons de poteries, outils ou éclats de débitage, etc.), les écofacts (vestiges organiques issus de la transformation et de la manipulation humaine) ou les structures construites, par exemple les foyers.

La réalité de l'évolution
Pour connaître notre passé
Panorama de la lignée humaine
Vers l'avenir

L'ensemble de ces éléments constitue l'assemblage archéologique d'un site.

Comment découvre-t-on des sites archéologiques ? À part les découvertes fortuites, les archéologues disposent de moyens éprouvés pour en repérer. La plupart du temps, les chercheurs effectuent des études de potentiel archéologique dans des zones susceptibles d'avoir connu des visites au temps de la préhistoire. Ils procèdent par sondage – une enquête sommaire qui consiste à creuser ici et là des puits de fouille.

Les méthodes de datation absolue, comme le carbone 14 ou le potassium-argon, permettent de déterminer avec précision l'intervalle de temps écoulé entre un événement du passé et aujourd'hui.

Cette opération détermine d'abord s'il y a présence ou non de vestiges archéologiques dans le sol, puis l'intérêt de procéder à une fouille plus élaborée.

Le cas échéant, un travail systématique et rigoureux doit être entrepris sur le terrain pour récupérer les moindres indices et s'assurer d'un enregistrement adéquat de la collecte des données, car autrement rien ou presque ne serait interprétable en laboratoire. Une étape cruciale consiste donc à consigner toutes les coordonnées du matériel exhumé dans un catalogue archéologique permanent. Cela permet de manipuler librement les artefacts en ayant toujours accès aux renseignements concernant la

Les méthodes de datation relative, comme la stratigraphie ou le dosage du fluor, permettent d'estimer, sans date précise, le temps écoulé entre des événements du passé.

provenance *in situ* des pièces à analyser, ce qui rend possible une analyse adéquate du matériel, phase moins spectaculaire et moins connue du travail de l'archéologue.

Mais comment l'archéologue arrive-t-il à faire des inférences, à interpréter son matériel après l'avoir analysé pour le traduire en gestes du quotidien ? En fait, sa formation universitaire et son expérience de terrain sont ses deux principaux

Sophie Limoges : une archéologue dévouée à la muséologie au Québec

Qu'est-ce que la muséologie ? La muséologie est avant tout une discipline universitaire qui s'intéresse à toutes les activités reliées à la mise en valeur des productions culturelles, tant contemporaines qu'anciennes, des différents peuples du monde. Les fonctions du muséologue sont multiples : elles vont de la gestion et de la conservation des biens culturels à la mise en valeur des artefacts, en passant par la recherche, le classement, l'éducation et l'animation. Plusieurs disciplines fondamentales se rattachent de près à la muséologie : l'ethnologie, l'archéologie, l'histoire de l'art, l'anthropologie et l'histoire *stricto sensu*. Quelques universités québécoises offrent une maîtrise en muséologie, dont l'UQÀM et l'Université de Montréal. Il est également possible de travailler dans les musées sans avoir le titre de muséologue. C'est le cas de Sophie Limoges, une archéologue de formation qui, après diverses expériences sur le terrain, s'est engagée dans des projets à caractère éducatif et de vulgarisation scientifique afin de sensibiliser le grand public à l'archéologie d'ici. En peu de temps, elle a acquis une expérience solide et diversifiée : activités de diffusion des connaissances, organisation d'événements en collaboration avec des organismes reconnus par la communauté archéologique, publications diverses, création d'expositions, participation à des colloques à titre de conférencière, etc.

L'intérêt de Sophie Limoges pour les collections muséales s'est manifesté dès la fin de ses études universitaires. Pendant trois ans, elle a coordonné différents projets dont le célèbre Herbier Marie-Victorin. Par la suite, elle est devenue l'archéologue principale du volet recherche, conservation et diffusion du patrimoine du Parc archéologique de la Pointe-du-Buisson, un complexe de sites ayant été témoin de 5000 années ininterrompues d'occupations amérindiennes, l'endroit même où, pendant vingt-cinq ans, s'est tenue l'École de fouilles archéologiques de l'Université de Montréal. Tout au long de ces années, elle a continué de participer à une multitude de projets, dont un qui lui tenait particulièrement à cœur et sur lequel des échos se sont fait entendre jusqu'en France et en Belgique : la diffusion de l'archéologie via le Réseau Archéo-Québec. En 2003, elle reçoit le prix Relève de la Société des musées québécois. Depuis 2005, Sophie Limoges est directrice de la conservation et de l'éducation à Pointe-à-Callière, le musée d'archéologie et d'histoire de Montréal. Elle est entre autres responsable des activités culturelles, des projets spéciaux et des recherches archéologiques menées dans le cadre de l'École de fouilles archéologiques de Pointe-à-Callière et réalisées en partenariat avec le Département d'anthropologie de l'Université de Montréal.

La réalité de l'évolution
Pour connaître notre passé
Panorama de la lignée humaine
Vers l'avenir

atouts. Il peut se servir, par exemple, des connaissances sur le comportement des chasseurs-cueilleurs actuels pour interpréter les indices abandonnés par ceux de la préhistoire (analogie ethnologique). Il peut aussi, lorsque cela est possible, utiliser les récits des missionnaires ou la tradition orale (ethnohistoire). Lui reste par la suite à élaborer des scénarios cohérents à la lumière d'un cadre de référence reconnu par ses pairs et des données accumulées à ce jour.

La paléoanthropologie

Les restes osseux fossilisés d'**homininés** sont les principaux témoins du passé évolutif de l'espèce humaine. Le travail du paléoanthropologue consiste à les analyser afin de tracer le parcours évolutif de cette espèce et à étudier la diversité biologique au cours de la préhistoire. La **paléoanthropologie** s'intéresse donc au passé évolutif des humains. Le processus d'**hominisation** est son champ d'intérêt principal, en ce sens qu'elle s'intéresse aux étapes anatomiques et, indirectement, culturelles franchies au cours des temps paléontologiques.

Hélas trop souvent fragmentaires, les ossements livrent toutefois des renseignements inestimables. L'obliquité du fémur associée à un bassin court et large est un indicateur fiable de la bipédie. Le bassin peut également servir à déterminer le sexe d'un individu, les femelles ayant en moyenne un pelvis plus large que celui des mâles pour des raisons obstétricales. Parfois, des indices d'accouchement, comme des traces de ligaments déchirés, y sont observés.

Les dents sont parmi les éléments organiques qui se fossilisent bien, à cause de leur haute teneur en minéraux. Quand on trouve un crâne avec une partie de sa dentition, on peut estimer l'âge de l'individu au moment de son décès. Pour déterminer s'il s'agit d'un enfant ou d'un adolescent, on pourra tenir compte notamment du nombre de

dents déciduales encore en place. Chez les humains modernes, les différents types de dents (incisives, canines, prémolaires et molaires) poussent selon un ordre précis qui diffère de celui qu'on observe chez les grands singes. À quel moment l'ordre de percée des dents des ancêtres des humains est-il devenu similaire à celui des humains modernes ? Il n'est pas aisé de répondre à cette question. De plus en plus d'arguments soutiennent néanmoins l'hypothèse que la croissance des anciens homininés comme les australopithèques était beaucoup plus rapide que celle des humains modernes. Par exemple, alors qu'on croyait auparavant que l'enfant de Taung, un australopithèque de 2,5 Ma, était âgé d'environ 6 ans au moment de son décès, on estime maintenant qu'il avait plutôt 3 ans, selon l'étude de l'émail de ses dents.

Les dents sont aussi des indicateurs du comportement. L'utilisation du microscope électronique pour étudier des spécimens d'*Homo heidelbergensis* a permis de déceler sur les incisives des traces probablement faites par des outils. On pense que ces homininés découpaient leur nourriture en même temps qu'ils la tenaient entre leurs dents, d'où les marques accidentelles observées sur l'émail. On a même pu déterminer que la plupart d'entre eux étaient droitiers (Stringer et Andrews, 2005).

Les dents peuvent, de surcroît, donner de l'information sur le régime alimentaire. Leur type d'usure peut indiquer, par exemple, que la consommation d'aliments coriaces était fréquente. Consommer des aliments qui poussent dans le sol, ou encore des noix, implique que des abrasifs sont mastiqués : ces derniers laissent des marques sur l'émail. Une analyse physico-chimique des dents peut également préciser le type d'aliments consommés ; par exemple, elle indique que le régime alimentaire des australopithèques semblait davantage composé de végétaux que celui d'homininés plus récents.

La réalité de l'évolution
Pour connaître notre passé
Panorama de la lignée humaine
Vers l'avenir

Au Québec : Robert Larocque, paléopathologiste

La **paléopathologie**, sous-discipline de la paléoanthropologie, cherche à connaître l'état de santé des populations, de même que les maladies qui les affligeaient à l'aide de traces visibles présentes sur le squelette, comme celles laissées par les fractures ou les signes d'usure sur les os. Elle étudie de plus l'influence du milieu physique et social sur la santé. Robert Larocque est un des pionniers de la paléopathologie au Québec. Selon lui, cette science peut livrer des informations plus pointues que celles trouvées dans les registres des décès des périodes historiques. Par exemple, les documents historiques sont le plus souvent silencieux quant à la prévalence des caries dentaires ; pourtant, celles-ci sont intimement liées au régime alimentaire et peuvent fournir des informations précieuses aux anthropologues. Ainsi, seule une étude directe des dents permet d'y voir clair (Larocque, 1994). Robert Larocque a réalisé différentes recherches sur les populations autochtones et sur les colons en Nouvelle-France (Larocque, 2000). L'une d'entre elles a porté sur l'analyse des sépultures de deux cimetières d'enfants de la basilique Notre-Dame-de-Québec, utilisés entre 1657 et 1844.

Il semble que chacun des cimetières ait servi à des inhumations liées à différentes causes de décès : l'un aurait été particulièrement utilisé en période d'épidémie, et l'autre plutôt en temps ordinaire. L'analyse des restes osseux a permis d'identifier deux pics de mortalité : un pour les nouveau-nés et l'autre pour les petits âgés entre un et deux ans. Dans certains cas, Robert Larocque est parvenu à identifier la cause du décès.

Ainsi, le rachitisme, une maladie liée à une carence en vitamine D qui affecte la formation des os, était bien présent à cette époque et il pourrait être une cause indirecte de ces décès. Il aurait causé, chez certaines femmes, des déformations du bassin qui auraient pu rétrécir le canal pelvien, causant ainsi un stress fatal au nouveau-né.

L'autre pic de mortalité, concernant les petits âgés entre un an et deux ans, pourrait être associé à la période de sevrage, qui aurait été particulièrement difficile pour eux. La qualité de leur alimentation diminuait alors beaucoup. Ils étaient souvent nourris de pain trempé dans l'eau. Bien que l'étude ne l'ait pas clairement démontré, on peut supposer que ceux qui présentaient des défauts d'émail dans leurs dents avant leur naissance, à cause d'un stress physiologique important, étaient particulièrement vulnérables au cours de cette période de transition.

La paléopathologie fournit donc de précieux renseignements sur le mode de vie de nos ancêtres, même pour des périodes où l'on a accès à des informations écrites.

L'anthropologie judiciaire

Les romans de Kathy Reichs et de Patricia Cornwell et les séries télévisées comme *Les experts* ou *Bones* (basé sur l'héroïne Temperance Brennan de Kathy Reichs) sont sans doute en partie responsables de l'engouement du public pour cette sous-discipline de d'anthropologie connue sous l'appellation d'anthropologie judiciaire ou médico-légale.

Qu'ont en commun ces livres et séries télévisées ? Ils abordent des aspects du travail de l'anthropologue judiciaire. Même si les œuvres de fiction présentent ce métier d'une manière quelque peu déformée, il n'en demeure pas moins qu'elles en donnent une bonne idée. D'abord et avant tout une branche

de l'anthropologie appliquée, l'anthropologie judiciaire transpose dans le domaine légal les connaissances issues de l'anthropologie biologique.

L'anthropologue judiciaire doit recueillir le plus d'information possible à partir de restes humains souvent fragmentaires et en mauvais état. La plupart du temps, il possède une formation en anthropologie biologique, spécialement en ostéologie. Par exemple, il peut être appelé à identifier des victimes de meurtre ou à connaître la cause de leur décès. Son travail s'apparente à celui du médecin légiste, à la différence qu'il dispose souvent de moins d'éléments. On a vu des anthropologues judiciaires s'affairer à identifier les restes humains du 11 septembre 2001, par exemple. Pour en savoir plus sur le travail de l'anthropologue judiciaire, le livre *Secrets de cadavres* décrit certaines enquêtes réalisées par Emily Craig, elle-même anthropologue judiciaire. Au Québec, on recourt à l'expertise de Kathy Reichs, elle aussi véritable anthropologue judiciaire, pour résoudre certaines morts suspectes.

Aucune université québécoise n'offre de programme dans ce domaine précis, mais il est offert au Nouveau-Brunswick à la St-Thomas University (dans le cadre du baccalauréat en anthropologie) de même qu'à la Toronto University. Pour plus d'information sur les carrières liées à ce type d'expertise en général, le site Internet du Laboratoire de sciences judiciaires et de médecine légale de Montréal offre de précieuses ressources.

La réalité de l'évolution
Pour connaître notre passé
Panorama de la lignée humaine
Vers l'avenir

L'héritage primate : l'apport de la primatologie

Pourquoi s'intéresser aux primates en anthropologie ? La **primatologie** est d'une grande utilité pour mieux comprendre le comportement des ancêtres des humains ou même des humains modernes. Ces derniers partagent un ancêtre commun avec les primates. Ils sont des **hominidés** comme le sont les chimpanzés, les bonobos et les gorilles.

Pendant longtemps, les **anthropomorphes** ont été divisés en trois familles : les hylobatidés (gibbons et siamangs), les pongidés (bonobos, chimpanzés, gorilles et orangs-outangs) et les hominidés (humains). Cependant, des découvertes en génétique indiquent que les grands singes africains et les humains sont génétiquement très semblables. Plus encore, le chimpanzé et l'humain seraient plus proches l'un de l'autre que ne le seraient le chimpanzé et le gorille. Afin de rendre compte de cette similarité génétique, on propose maintenant d'inclure les humains avec les grands singes africains dans la famille des hominidés, certains allant même jusqu'à inclure les chimpanzés dans le genre *Homo* ! L'orang-outang est désormais le seul membre de la famille des pongidés.

On propose d'utiliser la sous-famille pour diviser la famille des hominidés. Ainsi, les sous-familles des gorillinés (gorilles), des paninés (bonobos et chimpanzés) et des homininés (humains et leurs ancêtres) appartiennent toutes à la famille des hominidés.

Parmi les primates, ce sont donc les chimpanzés et les bonobos qui sont les plus proches cousins des humains. Qui croirait, à regarder un chimpanzé, que le patrimoine génétique humain est similaire à plus de 98 % à celui de ce grand singe ? Cette grande proximité génétique s'explique par le legs de l'ancêtre commun, qui aurait vécu il y a environ 7 à 6 Ma, voire plus, un clin d'œil à l'échelle géologique.

Portrait de chercheur : Pascale Sicotte, primatologue

C'est au Département d'anthropologie de l'Université de Montréal que Pascale Sicotte découvre la primatologie. Après une maîtrise où elle étudie la cohésion sociale entre femelles dominantes chez les macaques japonais, elle se rend à Karisoke, au Rwanda, afin d'étudier le comportement des femelles chez le gorille des montagnes, données qui lui serviront à faire un doctorat. Ce n'est pas par hasard qu'elle fait des femelles son objet d'étude : en effet, la primatologue accorde beaucoup d'intérêt aux femelles, tant chez les primates humains que chez les non humains, et plus particulièrement à la violence

dont elles sont souvent victimes. Au Rwanda, Pascale Sicotte s'intéresse plus spécifiquement aux femelles gorilles des montagnes qui passent d'un groupe à un autre.

Chez cette espèce, la composition des groupes varie : certains groupes sont composés d'un mâle et de quelques femelles matures, alors que d'autres comptent plus d'un mâle. À l'adolescence, les femelles quittent leur groupe natal, un mécanisme d'évitement de l'inceste qu'elles pourront répéter quelques fois au cours de leur vie. Ces transferts ont lieu lors des rencontres intergroupes, au cours desquelles les mâles peuvent se marteler la poitrine ou confronter leur adversaire. Les mâles tentent aussi parfois, par différentes tactiques, d'empêcher ces transferts.

Pascale Sicotte s'est intéressée plus précisément aux motivations des femelles qui quittent leur groupe. Puisque ces transferts représentent souvent un risque important pour celles-ci (blessure, infanticide pour leurs petits non sevrés, par exemple), elle voulait connaître les bénéfices que les femelles en retirent. En fait, on croit que ces transferts permettent aux femelles d'exercer leur choix reproductif, puisque le mâle du nouveau groupe deviendra le père de leurs petits. De plus, les femelles préfèrent généralement intégrer un groupe comptant plusieurs mâles adultes, ce qui leur permet de choisir leur partenaire sexuel et de protéger leur progéniture contre l'infanticide. Quelques cas d'infanticide ont en effet été répertoriés chez cette espèce, principalement à la suite du décès du mâle adulte du groupe.

Pascale Sicotte est maintenant professeure d'anthropologie à l'Université de Calgary. Depuis 2000, elle a amorcé un travail de terrain au Ghana, en Afrique, sur une espèce de primate peu connue : le colobe blanc et noir, *Colobus vellerosus*, principalement folivore et vivant dans une structure sociale souple. Elle s'intéresse à l'écologie alimentaire de cette espèce, particulièrement à la compétition en fonction de la taille du groupe de même qu'aux rencontres intergroupes et aux réactions agressives qu'elles peuvent engendrer.

La réalité de l'évolution
Pour connaître notre passé
Panorama de la lignée humaine
Vers l'avenir

L'étude des primates non humains peut contribuer à une meilleure connaissance anatomique des ancêtres des humains. Du point de vue du comportement, elle peut donner des indices sur leur mode de vie, qu'il s'agisse de leur organisation sociale, de leur régime alimentaire ou même de leur culture. Les primates sont utiles aussi pour mieux comprendre l'origine de certaines maladies humaines. N'oublions surtout pas qu'en tant que primates, sans contredit singuliers, les êtres humains partagent avec eux un héritage commun.

L'utilisation d'outils

Les plus anciens outils de pierre datent d'environ 2,5 Ma. Les homininés utilisaient certainement d'autres types d'outils bien avant, mais, malheureusement, des outils en bois ou des pierres utilisées sans avoir été modifiées ont peu de chance d'être identifiés comme des outils au cours de fouilles archéologiques.

Cependant, l'étude des primates peut aider à mieux connaître, voire à reconnaître, les plus anciens outils utilisés dans la préhistoire. Les grands singes utilisent tous des outils en milieu naturel, mais ce sont les chimpanzés qui sont les experts en la matière. Le régime alimentaire des chimpanzés comporte un certain nombre d'aliments extraits, c'est-à-dire qui ne sont pas immédiatement accessibles, comme les noix dont on brise la coque pour les consommer. Les chimpanzés utilisent le principe du marteau et de l'enclume pour les ouvrir. Ils ramassent des pierres qu'ils transportent avec eux jusqu'au site où se trouvent les noix. Celles-ci sont ensuite déposées sur une surface plane puis frappées. La maîtrise de cette habileté prend du temps ; on a estimé qu'elle demandait environ sept ans.

Dans la forêt de Taï, en Côte-d'Ivoire, des sites sont utilisés par les chimpanzés pour faire cette activité depuis plus de 4300 ans (Mercader et autres, 2007). Des chercheurs ont effectué une analyse archéologique des restes qui se trouvent sur un de ces sites. Ils ont remarqué que ces derniers étaient organisés

autour d'endroits propices à cette activité, soit là où il y a des souches avec des cavités servant à déposer les noix pour les frapper. De plus, ils ont trouvé de nombreux éclats provenant des pierres utilisées, et le sol était jonché de coquilles de noix vides. Ce type de recherche peut permettre de reconnaître une signature liée aux activités des homininés avant la fabrication d'outils en pierre.

Le cas d'utilisation d'outils le plus connu est celui de la « pêche » aux termites. Les chimpanzés effeuillent des branches et les insèrent dans un des orifices d'une termitière. Les matériaux utilisés sont soigneusement choisis. Des images captées montrent aussi que les chimpanzés percent parfois le souterrain de la termitière avec un bâton.

Que montrent ces comportements sur les capacités cognitives des chimpanzés ? Qu'ils sont capables de planifier leurs actions. Ainsi, ils peuvent ramasser une pierre pour se diriger vers un endroit de la forêt où se trouvent des noix. Quand ils fabriquent des outils pour « pêcher » les termites, ils les façonnent avant leur utilisation, comme s'ils avaient déjà à l'esprit une image mentale du produit qu'ils veulent fabriquer ; les outils ne sont pas fabriqués à coups d'essais et d'erreurs. Il est raisonnable de penser que ces capacités cognitives étaient déjà présentes chez les plus anciens ancêtres de la lignée humaine.

La culture

Thème central de l'anthropologie, la culture est étudiée chez les plus proches parents des humains, les chimpanzés. Comme

La réalité de l'évolution
Pour connaître notre passé
Panorama de la lignée humaine
Vers l'avenir

cette espèce est observée sur différents sites depuis près de 50 ans, de nombreuses données sont disponibles (Whitten et Boesch, 2001).

La culture se définit comme un ensemble de comportements transmis de génération en génération par l'apprentissage. Pour qualifier un comportement de culturel, on s'attend à ce qu'il varie entre les populations, et c'est effectivement ce qui a été observé par différents chercheurs. Par exemple, certains groupes de chimpanzés consomment des termites en les pêchant avec de longs bâtons, alors que d'autres préfèrent utiliser des bâtons plus courts et que certains n'en consomment pas du tout même s'il y en a sur leur territoire. D'autres comportements culturels peuvent être uniques à une communauté.

> Les projets de recherche à long terme, tel celui initié par Jane Goodall en 1960 sur les chimpanzés, sont essentiels à une meilleure compréhension du comportement des grands singes.

Comment ces comportements sont-ils appris ? L'apprentissage par observation joue un rôle important mais, en plus, on a vu des mères qui semblaient « enseigner » à leurs petits comment ouvrir des noix avec une pierre. Ces comportements culturels pourraient se diffuser entre les groupes par l'entremise des femelles qui émigrent à l'adolescence.

Des chercheurs ont aussi remarqué que les jeunes femelles apprenaient plus rapidement à pêcher les termites, qu'elles étaient plus attentives et qu'elles parvenaient à en obtenir plus. Quant aux mâles, ils semblent davantage préoccupés par le jeu et la compétition (Londsorf et autres, 2004).

La chasse

Les chimpanzés chassent régulièrement, et leurs techniques varient en fonction de l'environnement où ils vivent.

L'espèce la plus prisée par les chimpanzés est le colobe rouge. Pour le capturer, la coopération de plusieurs membres du groupe est souvent essentielle. Une fois la proie capturée, elle est généralement partagée. Le partage est un comportement peu fréquent dans le monde animal, mis à part entre une mère et ses petits. On croit que son importance s'est accrue chez les ancêtres des humains. On a aussi remarqué que, tout comme les homininés, les chimpanzés chassent davantage durant la saison sèche, au moment où les autres ressources alimentaires se font plus rares. On suppose aussi que la chasse permettrait aux mâles de faire étalage de leurs prouesses. On a même noté que la chasse devient plus populaire au moment où des femelles sont sexuellement réceptives dans le groupe ! (Stanford, *en ligne*)

On a récemment observé une population de chimpanzés au Sénégal qui utilise des lances pour capturer des galagos, une espèce de petits primates (Pruetz et Bertolani, 2007). Le façonnage de ces outils se fait en différentes étapes et nécessite que la pointe des bâtons soit affûtée, ce qui serait fait à l'aide des dents. Les proies sont harponnées quand elles se trouvent au creux d'un arbre. Les femelles adolescentes et les jeunes semblent privilégier cette technique. Encore une fois, le comportement des femelles est intéressant à souligner ; ces découvertes devraient faire réfléchir sur leurs comportements dans la préhistoire.

L'intelligence

Comparativement aux autres mammifères, les primates ont un comportement très flexible : ils s'adaptent rapidement à toutes sortes de situations ; ils sont ingénieux et peuvent être d'excellents manipulateurs. D'où viennent ces capacités ? Deux hypothèses sont proposées pour en rendre compte (Boyd et Silk, 2004).

L'hypothèse écologique soutient que le régime alimentaire **frugivore** des primates a favorisé l'accroissement de la taille

La réalité de l'évolution
Pour connaître notre passé
Panorama de la lignée humaine
Vers l'avenir

du cerveau, puisqu'il est nécessaire d'élaborer des cartes cognitives pour repérer facilement des fruits. De plus, plusieurs aliments consommés par les primates, comme les noix, doivent être extraits afin d'être mangés.

La seconde hypothèse est liée à l'intelligence sociale. Elle présume que la vie en groupe crée des conflits qu'il faut résoudre, que ce soit par la coopération ou par d'autres mécanismes.

On peut facilement trouver des preuves en faveur de ces deux hypothèses, qui ne sont pas mutuellement exclusives. Pour la première, on a démontré que les espèces frugivores ont effectivement un néocortex plus développé, ce mode d'alimentation reposant sur le fait qu'il faille trouver des aliments dispersés. En ce qui a trait à l'hypothèse portant sur l'intelligence sociale, les preuves sont abondantes. Des expériences ont démontré que certaines espèces de primates ont des connaissances élaborées des relations de parenté au-delà de leurs consanguins. Une grande connaissance des liens hiérarchiques est aussi observée et utilisée par les primates pour arriver à des fins spécifiques. La formation de coalitions témoigne en outre de leur capacité à manipuler les autres et même à les induire en erreur.

Les primates non humains manifestent tout un éventail de comportements et d'émotions qu'il vaut la peine d'étudier, comme la coopération et l'empathie. Plusieurs chercheurs demandent aujourd'hui qu'on accorde à ces animaux les mêmes droits qu'aux humains.

Les études réalisées en primatologie permettent d'établir des analogies entre le comportement des primates et celui des précurseurs des humains. Utilisés avec prudence, les résultats de ces recherches aident à mieux appréhender la vie dans la préhistoire.

Panorama de la lignée humaine

Tous les peuples de la terre ont inventé, au cours de leur histoire, des cosmogonies – des mythes sur leurs origines – afin d'expliquer leur existence et de lui donner des repères. Ces récits font partie de la sphère des croyances surnaturelles des sociétés humaines. *A contrario*, la paléoanthropologie élabore des scénarios appuyés sur des faits, comme le sont les fossiles et les traces attribuées aux activités des ancêtres des humains.

La présente section aborde les principaux jalons de la trajectoire évolutive de la lignée humaine en présentant les découvertes les plus significatives réalisées par des paléoanthropologues.

Aujourd'hui, que sait-on de l'histoire évolutive des homininés ? Les découvertes en paléoanthropologie confirment que le berceau de l'humanité est bel et bien l'Afrique. Le parcours évolutif, loin d'être linéaire, est en fait un véritable buisson : plusieurs espèces d'homininés vivaient à la même époque.

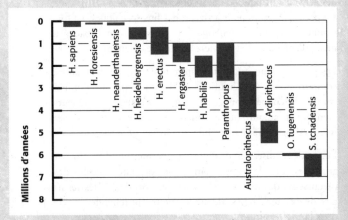

o

La réalité de l'évolution
Pour connaitre notre passé
Panorama de la lignée humaine
Vers l'avenir

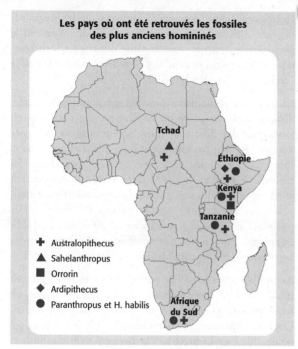

Les pays où ont été retrouvés les fossiles des plus anciens homininés

Mais lesquelles, parmi toutes ces communautés, comptent les ancêtres directs des humains actuels ? Cette question est depuis toujours matière à discussion.

Aux racines de la lignée humaine : les préhumains

Selon l'état actuel des connaissances, l'humain a partagé un dernier ancêtre commun (DAC) avec la lignée des grands singes africains il y a entre 7 et 6 Ma, et peut-être même 10 Ma.

La séparation entre les paninés (chimpanzés) et les homininés marque le début du parcours évolutif des humains et, le plus souvent, on note une certaine difficulté à bien positionner les espèces susceptibles de se trouver aux racines de l'embranchement des humains.

En effet, les préhumains constituent un stock de fossiles difficile à classer parce qu'ils exhibent des caractères en mosaïque ; les différents traits qui annoncent la lignée humaine ne sont pas tous apparus en même temps et ne se sont pas développés au même rythme chez toutes les espèces. Cela fait en sorte que certains d'entre eux peuvent se retrouver un jour, non plus sur la branche humaine, mais plutôt sur une branche voisine menant à l'évolution des paninés. Ces espèces les plus anciennes au statut « menacé » englobent, entre autres, *Sahelanthropus tchadensis*, *Orrorin tugenensis* de même que *Ardipithecus ramidus* et *kadabba*.

Avant d'aller plus loin, il est pertinent de dresser le « portrait robot » du DAC pour mieux cerner la suite des choses. Ce terme employé et popularisé par le paléoanthropologue français Pascal Picq désigne l'hypothétique anthropomorphe qui occupait la fourche précédant la divergence entre paninés et homininés. Une synthèse des données compilées sur les homininés au fil des ans laisse entrevoir qu'il était de petite stature (de 1 m à 1,20 m), pas très lourd (de 30 à 45 kg) et équipé d'un cerveau modeste (de 350 à 400 cm^3). Des canines peu saillantes, des incisives bien développées et des molaires à émail plus épais que mince donnent une idée de sa dentition. L'aptitude à la bipédie est une quasi-certitude, mais elle demeure énigmatique en matière de qualité (Picq, 2003). Que dire maintenant des tout premiers descendants du DAC ?

La vallée du rift africain, une grande faille, est une formation géologique qui s'étend de la Syrie au Mozambique sur plus de 6400 km et où plusieurs restes d'homininés ont été mis au jour.

La réalité de l'évolution
Pour connaître notre passé
Panorama de la lignée humaine
Vers l'avenir

Pour classer des fossiles dans la lignée évolutive humaine, les chercheurs tentent de retracer l'évolution d'attributs qui sont devenus ceux des humains actuels, des **caractères dérivés**, en fait. Sur cette liste se trouvent notamment la bipédie, l'accroissement du volume cérébral, la réduction du **prognathisme**, la réduction des canines, l'épaississement de l'émail des dents et, éventuellement, les adaptations culturelles, visibles par une culture matérielle élaborée (Coppens, 2006).

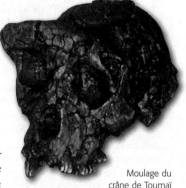

Toumaï, découvert par l'équipe de Michel Brunet en 2002, est un spécimen très intéressant pour deux raisons majeures : d'abord parce qu'il a été trouvé au Tchad (à plus de 2000 km à l'ouest du grand rift africain), et ensuite parce qu'il constitue le plus ancien crâne d'hominiené connu, avec un âge estimé entre 7 et 6 Ma.

Moulage du crâne de Toumaï

Ses caractéristiques crâniennes ont de quoi surprendre : sa face est aplatie et n'a donc pas de prognathisme exacerbé, une caractéristique plutôt inusitée parce que plusieurs hominiés plus récents ont un prognathisme beaucoup plus marqué ; son **torus supraorbitaire** est massif et rappelle l'apparence des hominiés de moins de 2 Ma ; ses dents primitives et sa petite boîte crânienne (320 à 380 cm^3), surtout l'arrière, permettent de faire des correspondances avec les grands singes africains actuels.

Toumaï est donc un bel exemple d'un mélange de **caractères primitifs** et dérivés qui coexistent. Sera-t-il une source de données intéressantes sur le DAC étant donné qu'il a de bonnes chances d'avoir été un contemporain de ce dernier ? La question, pour le moment, reste ouverte.

L'origine de la bipédie

P armi les traits typiquement humains, la bipédie retient particulièrement l'attention des spécialistes. Différents scénarios ont donc été élaborés en vue de résoudre l'énigme du mode de locomotion humain, particulièrement spécialisé, unique parmi les primates. Toutefois, la plupart de ces scénarios souffrent d'un défaut majeur : celui d'être construits à partir d'une conception lamarckienne de l'évolution. Ils reposent souvent sur le postulat que l'environnement a « créé » la bipédie, alors que la sélection naturelle présume que des mutations sont apparues et que certaines d'entre elles ont été retenues à cause de leur caractère avantageux.

De là sont nées une multitude d'hypothèses, plus ou moins convaincantes, surtout centrées sur l'environnement en tant que facteur clé de l'émergence de la bipédie (Mulot, 2006). Par exemple, certains ont évoqué la bipédie comme une réponse des premiers ancêtres des humains, de moins en moins velus, pour réduire leur exposition aux rayons ardents du soleil africain. D'autres ont vu un mâle forcé de se redresser pour libérer ses mains des contraintes de la locomotion, afin d'approvisionner en nourriture femelles et petits (mais comment alors les femelles se sont-elles redressées à leur tour ?). On a de même évoqué la bipédie comme moyen pour mieux scruter l'horizon dans une savane devenue trop hostile, pour transporter armes et outils, ou encore pour favoriser les déplacements entre les arbres.

Ce sont là, certes, des avantages indéniables que procure la bipédie, mais ce ne sont pas pour ces raisons premières qu'elle est apparue (Picq, 2003). Il est nécessaire de s'en tenir aux mécanismes de la sélection naturelle et aux lois de l'évolution en général pour obtenir des arguments solides. Dans cette optique, le scénario de la paléoanthropologue française Yvette Deloison (2004), spécialiste de la bipédie humaine, s'avère très intéressant. Essentiellement, cette chercheuse propose un primate bipède primitif comme ancêtre commun aux trois lignées suivantes : les grands singes africains, les australopithèques et le genre *Homo*, une hypothèse révolutionnaire qui en laisse plusieurs perplexes.

Pourquoi ce scénario plutôt qu'un autre ? D'abord parce que tous les **anthropoïdes** ont la faculté de se redresser en posture bipède, aussi pour une série de savants arguments d'ordre anatomique trop complexes pour être abordés dans le contexte de cet ouvrage, et, surtout, à cause du fait que l'aptitude à la bipédie, dans un tel scénario, aurait été renforcée et perfectionnée dans la lignée humaine pour les avantages qu'elle conférait au point de départ, ce qui s'inscrit parfaitement dans la logique darwinienne où la sélection naturelle s'empare des caractères adaptatifs en réponse aux pressions de l'environnement, et non pas pour l'hypothétique pouvoir de ce dernier d'induire, par exemple, l'apparition d'organes chez les êtres vivants.

La réalité de l'évolution
Pour connaître notre passé
Panorama de la lignée humaine
Vers l'avenir

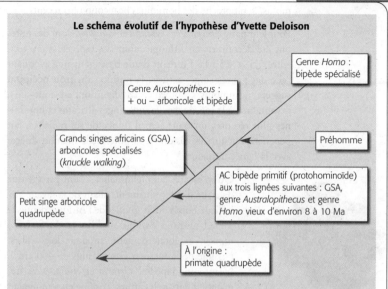

Le schéma évolutif de l'hypothèse d'Yvette Deloison

Genre *Homo* : bipède spécialisé

Genre *Australopithecus* : + ou – arboricole et bipède

Grands singes africains (GSA) : arboricoles spécialisés (*knuckle walking*)

Préhomme

Petit singe arboricole quadrupède

AC bipède primitif (protohominoïde) aux trois lignées suivantes : GSA, genre *Australopithecus* et genre *Homo* vieux d'environ 8 à 10 Ma

À l'origine : primate quadrupède

Pour Yvette Deloison, l'anatomie des mains humaines est incompatible avec un passé locomoteur de quadrupède, donc l'homme et ses ancêtres ne sont pas à chercher récemment du côté d'un tel type de primate (au delà de 15 Ma). Dans cette hypothèse, les grands singes africains (GSA), le genre *Australopithecus* et le genre *Homo* ont développé leurs propres modes de locomotion spécialisés à la suite du partage et de l'héritage d'un ancêtre commun (AC) bipède primitif appelé protohominoïde. Dans cette éventualité, il resterait à découvrir l'ancêtre direct du genre *Homo*.

Les restes d'*Orrorin tugenensis* découverts au Kenya en 2000 et vieux de 6 Ma indiquent globalement qu'il était doté d'une dentition plus proche de celle des chimpanzés actuels, bien que ses dents aient été recouvertes d'un émail épais. Les membres supérieurs conservent des adaptations pour permettre de grimper aux arbres. À l'opposé, ses fémurs attestent une bipédie surprenante pour son ancienneté, au point que ce caractère, du moins, le rapproche des homininés beaucoup plus récents.

Pour leur part, *Ardipithecus ramidus* et *kadabba*, dont des restes ont été découverts en Éthiopie, sont des espèces ayant vécu entre 5,5 et 4,5 Ma. En dépit d'une base crânienne évoquant celle des grands singes actuels, la position du **trou occipital** suggère néanmoins la bipédie. La dentition est tout aussi déroutante : à la fois de type grands singes africains et homininés plus récents ; un trait, l'émail mince de ses molaires, fait pencher pour une exclusion de sa potentielle filiation directe avec la lignée humaine.

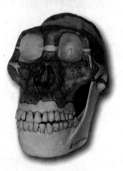

Qu'en est-il ? Ces préhumains se sont partagé une diversité d'environnements allant de la savane aux milieux boisés des tropiques de l'Afrique, depuis le Tchad jusqu'en Afrique de l'Est et du Sud. La capacité cérébrale demeure modeste lorsqu'il est possible de la mesurer (jamais plus de 400 cm³). Néanmoins bipèdes, *Orrorin* et *Ardipithecus* fréquentent encore les arbres, comme en témoignent leurs adaptations à l'**arboricolisme**. Par ailleurs, la dentition est caractérisée par des canines réduites recouvertes d'un émail épais chez toutes les espèces, sauf dans le cas d'*Ardipithecus*. En somme, certaines espèces de ce vivier de précurseurs humains sont susceptibles de changer de branche, un jour ou l'autre, au gré des découvertes à venir.

La communauté des australopithèques

Moulages du crâne d'un *A. afarensis* (en haut) et d'un *A. africanus* (en bas). Remarquez les canines légèrement saillantes et les diastèmes chez l'*afarensis*.

Le premier australopithèque a été découvert en 1925 en Afrique du Sud par Raymond Dart. Aujourd'hui, les australopithèques sont un genre d'homininés bien connu, particulièrement les

La réalité de l'évolution
Pour connaître notre passé
Panorama de la lignée humaine
Vers l'avenir

espèces *afarensis* et *africanus*. Ils constituent sans doute la première **radiation adaptative** de la lignée des homininés. Les australopithèques ont vécu dans des environnements variés allant de la savane à la forêt, en passant par des régions près de cours d'eau. Leur petite taille ainsi qu'un dimorphisme sexuel marqué laissent supposer qu'ils ne formaient pas des associations monogames et que la polygynie était plus fréquente parmi ces espèces.

Les plus belles surprises anatomiques, chez les australopithèques, proviennent de leur squelette postcrânien, lequel présente des traits qui les rapprochent du genre *Homo*. Plusieurs de ces traits se rapportent à leurs modes de locomotion, fort

Les australopithèques (grand singe du sud)	
Espèces	• *anamensis, afarensis, africanus, bahrelghazali, garhi*
Époque	• 4,2 à 2,3 Ma
Sites	• Afrique de l'Est (Kenya, Tanzanie, Éthiopie), Tchad et Afrique du Sud
Crâne	• Capacité crânienne typique de celle des chimpanzés (jusqu'à environ 450 cm^3) • Front fuyant et **crête nucale** • Dentition développée, particulièrement les prémolaires et les molaires • **Diastèmes** chez certains spécimens d'*afarensis* et de *garhi* • Prognathisme important mais variation interspécifique
Squelette postcrânien	• Taille : 1 m à 1,4 m, **dimorphisme sexuel** important • Mosaïque de traits associés aux grands singes et à la lignée *Homo* • Cage thoracique en entonnoir inversé pour loger un gros appareil digestif • Bassin court et large mais plus ouvert que celui des humains modernes • Bras plutôt longs comparativement aux jambes • Doigts et orteils longs et recourbés et gros orteil légèrement divergent • Obliquité du fémur par rapport au bassin
Répertoire locomoteur	• Arboricolisme (alimentation, refuge, sommeil) • Bipédie lors des déplacements au sol
Culture	• Typique des chimpanzés mais ayant laissé peu de traces matérielles • Possibilité de la capacité de tailler la pierre pour *garhi*

Traces de pas découvertes en 1978 à Laetoli, en Tanzanie, associées à *A. afarensis*. Elles démontrent qu'une forme de bipédie caractérisait cette espèce.

Codécouverte par une équipe franco-américaine composée notamment d'Yves Coppens et de Donald Johanson, Lucy est une jeune *Australopithecus afarensis* qui vivait il y a 3,2 Ma.

variés. Ces espèces étaient bipèdes lorsqu'elles se déplaçaient au sol, comme en témoigne leur bassin court et large, comme celui de l'humain moderne. Cependant, leur crête iliaque est plus large et n'enveloppe pas les côtés du corps, ce qui entraîne vraisemblablement une difficulté à se maintenir debout longtemps. Leur bipédie est cependant attestée par l'obliquité de leurs fémurs et par la voûte arquée du pied.

D'autres traits anatomiques laissent présager que l'arboricolisme était encore pratiqué. Tout comme chez les chimpanzés, on croit que les australopithèques trouvaient refuge dans les arbres pour éviter de devenir une proie, ou tout simplement pour dormir. Des articulations plus souples au niveau des genoux, des épaules et des chevilles, de même que des doigts et des orteils plutôt longs et recourbés sont des preuves en faveur de ce mode de locomotion. Leur gros orteil ne semble pas complètement aligné avec les autres orteils, une caractéristique permettant aux individus de s'agripper aux branches des arbres.

Les australopithèques utilisaient sans doute des outils, comme le font les grands singes actuels. Taillaient-ils la pierre ? Cela demeure un sujet controversé. Certains croient qu'*A. garhi*, une espèce découverte en 1999 et datée de 2,5 Ma, était capable de tailler des outils rudimentaires. On a retrouvé des restes d'outils possiblement associés à cette espèce.

La réalité de l'évolution
Pour connaître notre passé
Panorama de la lignée humaine
Vers l'avenir

Les australopithèques ont-ils laissé des descendants ? Les avis sur ce sujet sont partagés. Plusieurs chercheurs estiment qu'*A. anamensis*, doté de la bipédie la plus affirmée chez les australopithèques, pourrait être l'ancêtre de la lignée *Homo*. D'autres suggèrent que les *A. afarensis* seraient les ancêtres du genre *Paranthropus*. Mais il faudra découvrir encore plusieurs fossiles avant de bien comprendre les liens phylogénétiques qui unissent ces espèces à la lignée des *Homo*.

La découverte de Dikika

L'ontogenèse des anciens homininés n'est pas bien documentée, tout simplement parce que peu de fossiles d'enfants ont été découverts, ce qui n'a rien d'étonnant étant donné la fragilité et la petitesse des os de leur squelette. C'est la raison pour laquelle la publication en 2006 de la découverte de restes osseux d'un enfant qui date de 3,3 Ma a causé toute une surprise (Alemseged et autres, 2006). Dans un état de conservation exceptionnel, ces restes ont été trouvés dans la vallée de l'Awash, en Éthiopie. Ils sont attribués à *A. afarensis*.

Surnommé l'enfant de Dikika, mais popularisé sous le nom de Selam, ce petit squelette quasi complet pourrait fournir des informations exceptionnelles relativement au développement des homininés juvéniles de l'époque. Sa capacité crânienne ressemble à celle attribuée aux australopithèques. Les dents déciduales, de même que les dents

d'adultes qui n'ont pas encore poussé, indiquent que cette présumée femelle avait autour de trois ans au moment de son décès.

Les renseignements les plus précieux livrés jusqu'à maintenant concernent son mode de locomotion. D'une part, les chercheurs ont identifié des traits assurément associés à l'arboricolisme : une omoplate typique des gorilles, des doigts recourbés pour s'agripper aux branches, comme ceux des chimpanzés, et une analyse de l'oreille interne qui la rapproche une fois de plus de ces derniers. D'autre part, le fémur, le tibia et le pied indiquent que cette petite créature utilisait la bipédie quand elle se déplaçait au sol.

Les paranthropes

Le climat se transforme

À partir d'il y a environ 3 Ma, un refroidissement planétaire s'amorce et, localement, l'Afrique est touchée par un assèchement. Face à ces changements climatiques, les espèces d'homininés subissent des pressions sélectives, tout comme le reste de la faune et de la flore. L'évolution aboutira à deux solutions adaptatives ; en effet, deux lignées très différentes emprunteront des chemins distincts. La première, celle des *Paranthropus*, prend le pari d'un **pic adaptatif anatomique** pour faire face à ces changements, alors que la seconde, celle d'*Homo habilis*, table sur une réponse extrasomatique (culturelle).

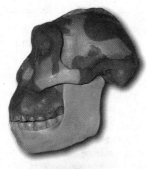

Moulages d'un crâne de l'espèce *Paranthropus boisei*. Remarquez la crête sagittale, au sommet du crâne, de même que la taille massive de la mandibule et des dents jugales.

Une importante spécialisation anatomique

La principale adaptation des *Paranthropus* se situe au plan du squelette crânien. Ces espèces ont évolué vers une macrodontie, spécialement au niveau des molaires devenues de véritables meules à broyer. Une crête sagittale sert à ancrer des muscles temporaux puissants qui permettent de mouvoir l'énorme mâchoire adaptée à un régime alimentaire composé de noix, de graines, de racines et de tubercules. C'est pour cette raison que les paranthropes ont pour surnom « casse-noisettes ». L'appareil masticateur domine leur visage.

Différents outils en os ont été retrouvés sur des sites comme celui de Swartkrans, en Afrique du Sud. Fabriqués à partir d'éclats d'os, ils

La réalité de l'évolution
Pour connaître notre passé
Panorama de la lignée humaine
Vers l'avenir

Les *Paranthropus* (parallèle à l'homme)	
Espèces	• *aethiopicus, boisei, robustus*
Époque	• 2,7 à 1 Ma
Sites	• Afrique de l'Est (Éthiopie, Kenya, Tanzanie) et Afrique du Sud
Crâne	• Capacité crânienne entre 400 et 530 cm^3, selon les espèces • Front fuyant • **Crête sagittale** servant à ancrer de puissants muscles temporaux utiles à la mastication • Crête nucale • Mâchoire très massive • Dents antérieures petites comparativement à la **macrodontie** des dents jugales (prémolaires et molaires) • Face moins prognathe que celle des australopithèques pour des raisons fonctionnelles liées à la mastication
Squelette postcrânien	• Taille : 1,20 m à 1,55 m, dimorphisme sexuel important
Répertoire locomoteur	• Bipédie • Arboricolisme moins développé que chez les australopithèques
Culture/ alimentation	• Alimentation surtout à base d'aliments durs • Consommation de protéines animales • Utilisation d'outils afin d'avoir accès à des termites

mesurent généralement entre 13 et 19 cm de longueur. Une analyse au microscope à balayage électronique de même que des expériences réalisées avec des éclats d'os actuels ont révélé que les *Paranthropus* les utilisaient pour consommer des termites et non pour extraire des racines ou des tubercules (Backwell et d'Errico, 2001). Une analyse de la composition chimique de leurs dents confirme qu'ils consommaient effectivement une quantité non négligeable de protéines animales. Cependant, comme des fossiles d'*Homo habilis* sont aussi présents sur ces sites, il est possible ou bien que ce dernier soit l'utilisateur de ces outils, ou bien que les deux espèces les aient utilisés.

Un cul-de-sac évolutif

Prise au piège par la surspécialisation anatomique, la lignée des *Paranthropus* s'est échouée sur un pic adaptatif local et s'est éteinte il y a environ un million d'années. Selon l'état actuel des connaissances, cette lignée n'aurait pas engendré de descendants.

Homo habilis

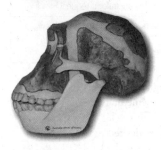

L'espèce *Homo habilis* a été identifiée pour la toute première fois en 1964. Elle regroupe aujourd'hui différents fossiles provenant d'Afrique de l'Est et du Sud. *H. habilis* partage certaines caractéristiques avec les australopithèques, mais il présente une réduction de l'appareil masticateur ainsi qu'une capacité crânienne plus développée que ces derniers.

Le premier fabricant d'outils

Homo habilis est associé à la plus ancienne **industrie lithique** de la préhistoire. Ces homininés fabriquaient des outils rudimentaires mais très efficaces appelés des galets aménagés. En taillant grossièrement un **nucléus** de pierre, ils obtenaient des arêtes tranchantes qui leur permettaient d'accéder à une nouvelle source de nourriture : la moelle osseuse à l'intérieur des os longs de gros herbivores.

Comparaison entre le moulage d'un crâne d'*H. habilis* (en haut) et celui d'un *A. africanus* (en bas). Remarquez la différence en ce qui a trait à la taille de la mandibule, particulièrement la branche montante de celle-ci.

Si on a longtemps présumé qu'ils étaient de bons chasseurs, on croit désormais qu'ils étaient

La réalité de l'évolution
Pour connaître notre passé
Panorama de la lignée humaine
Vers l'avenir

plutôt charognards, particulièrement pendant la saison sèche, alors que les ressources alimentaires se faisaient plus rares. On a retrouvé des accumulations d'ossements d'animaux associées à la présence d'*H. habilis*. Un examen au microscope électronique a révélé que les traces trouvées sur les ossements des animaux consommés portaient deux types de marques : les premières avaient été laissées par des

L'*Homo habilis*	
Espèce	• *Homo habilis* (homme habile)
Époque	• 2,5 à 1,6 Ma
Sites	• Afrique de l'Est (Kenya, Tanzanie, Éthiopie) et Afrique du Sud
Crâne	• Capacité crânienne entre 550 et 700 cm^3 • Légère élévation de la voûte crânienne logeant un cerveau plus complexe et mieux vascularisé • Développement de l'aire de Broca associée au langage • **Microdontie** de type omnivore se développant avec des dents antérieures plus fortes comparativement à des dents jugales plus petites • Mâchoire plus petite, principalement la branche montante de la mandibule • Persistance d'un prognathisme en régression constante
Squelette postcrânien	• Taille : 1,15 m à 1,30 m, dimorphisme sexuel • Doigts et orteils aux phalanges recourbées • Bras relativement longs chez certains spécimens • Obliquité du fémur par rapport au bassin
Répertoire locomoteur	Souvenir d'arboricolisme au profit d'une bipédie de plus en plus affirmée
Culture/ alimentation	• Considéré comme l'artisan des plus anciens outils taillés • Début du **Paléolithique** inférieur marqué par la culture oldowayenne (de 2,5 à 1,4 Ma) : outils rudimentaires où des galets sont taillés grossièrement pour produire des outils tranchants ou des éclats • Outils retrouvés sur des sites de boucherie • Consommation de viande obtenue principalement par charognage

Moulages d'outils oldowayens

dents de carnivores alors que les secondes avaient été faites postérieurement par des outils de pierre. Cela prouve hors de tout doute que ces homininés étaient, non pas les premiers à se servir, mais les derniers.

Pratiquer le charognage requiert certaines capacités cognitives et une bonne connaissance de l'environnement. Tout d'abord, il faut savoir localiser les charognes en écoutant la nuit les cris des grands carnivores ou en observant les vautours au matin. Il faut ensuite disposer d'outils capables de fracturer ces os, les dents d'homininés n'étant plus d'aucun secours. L'utilisation d'outils conjuguée à l'acquisition de nouvelles ressources alimentaires a assurément été une étape déterminante de l'évolution de la lignée de l'humain moderne.

1. Un tailleur utilise un percuteur (une pierre qui sert ni plus ni moins de marteau) pour frapper la surface d'un nucléus et en détacher des éclats grossiers afin de le réduire.

2. La taille se poursuit sur la face déjà débitée pour en détacher des éclats plus minces et plus tranchants, lesquels pourront être retravaillés et employés à différents usages.

La réalité de l'évolution
Pour connaître notre passé
Panorama de la lignée humaine
Vers l'avenir

Les humains érigés

Les humains érigés sont redressés comme les humains anatomiquement modernes, puisque leur trou occipital est entièrement centré. Ils se déplacent comme ces derniers. Ils conservent toutefois une certaine robustesse, et on estime qu'ils étaient d'excellents coureurs de fond. Ils manifestent en outre un dimorphisme sexuel réduit, fort probablement associé à des changements dans leur structure sociale. Cette caractéristique est liée à une moins grande compétition entre les mâles pour accéder aux femelles, et possiblement à de nouvelles stratégies de reproduction comme la monogamie ou la formation de groupes composés de plusieurs mâles et de plusieurs femelles.

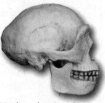

Moulage de crâne d'*Homo ergaster*, forme africaine des humains érigés

Une nouvelle technologie

Homo ergaster invente éventuellement le biface, un outil travaillé sur deux faces dont la forme typique évoque une poire ou une amande. Cet outil tout usage sert notamment à découper les carcasses d'animaux qu'il chasse ou qu'il récupère. Il fabrique aussi des hachereaux, sorte d'outils en forme de trapèze dotés d'un bord tranchant à une extrémité.

Moulage de crâne de l'homme de Pékin, *Homo erectus*. Remarquez le torus supraorbitaire développé de même que la crête occipitale.

Biface acheuléen

Les humains érigés	
Espèces	• *Homo ergaster* (homme qui travaille), *Homo erectus* (homme érigé)
Époque	• 1,8 à 1 Ma pour *ergaster* • 1,5 à 0,3 Ma pour *erectus*
Sites	• *H. ergaster* : est, sud et nord de l'Afrique, sud de l'Europe, Asie méridionale • *H. erectus* : Chine, Indonésie
Crâne	• Capacité crânienne entre 800 et 1000 cm^3 • Crâne plutôt bas et allongé vers l'arrière • **Crête occipitale** • Os du crâne plus épais chez les *erectus* • Torus supraorbitaire bien développé • Trou occipital entièrement centré • Dents encore robustes mais d'apparence plus humaines • Incisives en forme de pelle chez les *erectus* • Prognathisme atténué
Squelette postcrânien	• Taille des *ergaster* : 1,55 m à 1,70 m (forme africaine) • Taille des *erectus* : 1,50 m à 1,65 m (forme asiatique) • Dimorphisme sexuel moins marqué
Répertoire locomoteur	• Premier bipède à l'allure moderne ; chevilles solides
Culture/ alimentation	• *ergaster* : développement de la culture oldowayenne évoluée et acheuléenne (seconde phase du Paléolithique inférieur, entre 1,4 Ma et environ 0,2 Ma) • Fabrication de bifaces et de hachereaux • *erectus* : bifaces très rares en Asie ; travail de l'os et de l'andouiller (bois de cervidés) • Domestication du feu • Charognage mais aussi chasse aux petits et aux gros gibiers • Fabrication d'abris, mais refuge occasionnel dans les grottes comme à Zoukoudian, en Chine

La découverte du feu

On associe les humains érigés aux premières traces d'utilisation du feu, probablement l'une des découvertes les plus importantes de la préhistoire.

La réalité de l'évolution
Pour connaître notre passé
Panorama de la lignée humaine
Vers l'avenir

Des traces de carbonisation ont été découvertes sur différents sites archéologiques en Afrique, en Europe et en Asie. Une étude approfondie s'avère nécessaire afin de déterminer s'il s'agit de feux d'origine naturelle ou de feux entretenus intentionnellement. Mais, chose certaine, l'utilisation du feu a profondément modifié le mode de vie de ces homininés. En plus de leur donner la chaleur nécessaire pour coloniser des endroits plus froids, il a permis, pour la première fois, une vie sociale après le coucher du soleil. Éventuellement, le feu servira à cuire les aliments et permettra une meilleure absorption des nutriments. Puis, une fois le feu maîtrisé, il deviendra une arme redoutable pour chasser et permettra de se protéger des autres animaux, qui le craignent. Le feu, avec le temps, servira à durcir les pointes de différents outils.

Le premier à quitter l'Afrique

Advenant qu'un jour *H. ergaster* ne soit plus le tout premier homininé à avoir quitté l'Afrique, il restera néanmoins celui qui a laissé le plus de traces de ces premières migrations. On trouve d'ailleurs à Dmanisi, en Géorgie, des traces de cette espèce datant de 1,7 Ma. Par la suite, celle-ci aurait essaimé jusqu'en Indonésie et en Chine, donnant naissance à des variants géographiques locaux tels *H. erectus* et *H. soloensis*.

Reconstitution du garçon du lac Turkana, un jeune *H. ergaster*

Homo heidelbergensis

De plus en plus de paléoanthropologues rassemblent les anciens fossiles d'*Homo sapiens* archaïques sous le nom d'*Homo heidelbergensis*. D'autres, par contre, regroupent uniquement des fossiles européens sous cette appellation. Mais, peu importe ces points de vue, ce sont les populations de ce continent qui sont les mieux connues, actuellement. Anatomiquement, *H. heidelbergensis* présente une grande robustesse. Sa capacité crânienne s'approche de celle des humains modernes.

Les sites européens de Boxgrove, en Angleterre, et de Bilzingsleben, en Allemagne, sont parmi ceux qui ont livré le plus d'indices sur le mode de vie d'*H. heidelbergensis*. Différents animaux partageaient son territoire : rennes, éléphants, bisons, chevaux, ainsi que de grands carnivores comme des lions et des hyènes. À Boxgrove, on a retrouvé quelques centaines de bifaces, de même que des éclats provenant de nucléus de pierre travaillés. *H. heidelbergensis* était un chasseur qui se spécialisait dans la prise de gros gibiers en utilisant différentes techniques, dont le rabattage vers des précipices ou des marécages. Il parvenait à dépecer soigneusement les carcasses d'animaux grâce à une dextérité accrue.

On a trouvé des javelots en bois fabriqués par *H. heidelbergensis* en Allemagne. Confectionnés à partir d'épicéa, ils montrent que cet homininé avait une bonne connaissance des propriétés du bois, puisque la pointe avait été taillée à partir de la base du tronc, la partie la plus solide de l'arbre. On a aussi retrouvé le site d'un camp de base où l'utilisation du feu et la construction d'abris ont laissé des traces.

La réalité de l'évolution
Pour connaître notre passé
Panorama de la lignée humaine
Vers l'avenir

L'*Homo heidelbergensis*	
Espèce	• *Homo heidelbergensis* (homme de Heidelberg, ville d'Allemagne)
Époque	• 800 000 à 300 000 ans
Sites	• Europe (Grande-Bretagne, France, Espagne, Allemagne, Italie, Hongrie, Grèce), Afrique et ouest de l'Asie
Crâne	• Capacité crânienne entre 1000 et 1300 cm^3 • Voûte crânienne plus arrondie mais allongée, avec un front encore fuyant • Arcades sourcilières massives • Dentition robuste • Prognathisme de la mi-face persistant quoique moins développé que chez les érigés
Squelette postcrânien	• Taille : 1,55 m à 1,65 m • Léger dimorphisme sexuel
Répertoire locomoteur	• Bipédie
Culture/ alimentation	• Semblable à celle d'*Homo ergaster* dans son ensemble • Chasseur de gros gibiers

Pour une majorité de paléoanthropologues, c'est à travers l'évolution des *H. heidelbergensis* africains qu'il faut faire un lien avec l'émergence des *Homo sapiens.*

Les néandertaliens

Longtemps considérés comme des brutes stupides, les néandertaliens ont sans doute été les homininés les plus calomniés de l'histoire de la paléoanthropologie. Même si la plupart des chercheurs leur accordent un statut d'humain, il en reste encore pour dire que leur comportement différait beaucoup de celui des humains anatomiquement modernes.

Les néandertaliens ont vécu lors des dernières périodes glaciaires européennes. Plusieurs caractéristiques anatomiques sont d'ailleurs des adaptations liées au climat dans lequel ils se sont développés. Les néandertaliens sont plus trapus que les humains modernes, mais ils sont surtout beaucoup plus massifs et musclés. À taille égale, on pense qu'ils étaient plus lourds que les humains modernes d'environ 30 %.

Moulage d'un crâne d'*Homo neanderthalensis*

Leur cage thoracique en forme de tonneau et des extrémités courtes sont des caractéristiques associées à une meilleure protection contre le froid. Les os du squelette postcrânien étaient très robustes, et la présence d'arêtes témoigne d'attaches musculaires très développées. Quant à la capacité cérébrale, elle était en moyenne plus grande que celle des humains modernes : 1520 cm^3 comparativement à 1350 cm^3 pour ces derniers.

Au point de vue culturel, les néandertaliens sont d'habiles artisans. Principalement associé à la culture moustérienne, leur outillage est varié. Les néandertaliens utilisent abondamment la technique Levallois, laquelle sert à produire des éclats qui sont par la suite retouchés pour en faire des outils variés dont certains seront emmanchés, ce qui augmente leur puissance.

Les néandertaliens fabriquent des pointes, des racloirs, des denticulés. La matière première est soigneusement travaillée, et certains matériaux sont réservés à la confection d'outils particuliers.

La réalité de l'évolution
Pour connaître notre passé
Panorama de la lignée humaine

Comment vivaient les néandertaliens ? Les avis sur le sujet sont partagés, quoique de plus en plus de chercheurs considèrent que leur comportement présentait de nombreuses similitudes avec celui des humains modernes. Les néandertaliens chassaient le petit gibier comme le lapin, mais aussi du gros gibier comme le renne, le bison, l'aurochs (bœuf sauvage) et le cheval sauvage. Ne disposant pas d'armes de jet à l'instar des humains modernes, ils étaient fort probablement souvent en contact physique avec leurs proies, ce qui pourrait expliquer la présence de certaines fractures particulières sur leur corps qui évoquent celles des personnes qui pratiquent le rodéo. Une analyse isotopique de leurs os révèle une alimentation axée sur l'ingestion de viande proche de celle des grands carnivores actuels.

Reconstitution d'un néandertalien

Les néandertaliens inhumaient leurs morts. Ces sépultures reflètent-elles des croyances religieuses ? Il est bien délicat de se prononcer sur la réalité de telles activités symboliques. Des chercheurs, par contre, notent qu'une certaine compassion était présente, puisque de nombreux squelettes exhibent les traces d'anciennes blessures assez sérieuses pour avoir rendu certains individus invalides temporairement ou à plus long terme. Seule une aide de la part de leurs proches leur aurait alors permis de survivre.

Les néandertaliens	
Espèce	• *Homo neanderthalensis* (homme de la vallée de la Néander)
Époque	• 127 000 à 26 000 ans pour les formes classiques (celles qui présentent l'ensemble des caractéristiques associées à cette espèce) mais certains les font reculer jusqu'à 350 000 ans
Sites	• Pour les formes classiques de néandertaliens : ouest de l'Europe (France, Espagne, Italie, Allemagne), Europe de l'Est (Hongrie, Croatie), ouest de l'Asie et quelques localités au Proche-Orient, en Irak et en Israël
Crâne	• Capacité crânienne moyenne de 1520 cm^3 • Voûte crânienne basse, allongée mais volumineuse • Torus supraorbitaire • Chignon occipital (bourrelet osseux à l'arrière du crâne, évoquant une coiffure en chignon) • Nez volumineux avec sinus de la joue bien développés • Espace rétromolaire (espace entre la dernière molaire et la branche montante de la mandibule) • Prognathisme de la partie moyenne et supérieure de la face donnant un visage pneumatisé, c'est-à-dire gonflé dans la partie médiane
Squelette postcrânien	• Taille : 1,55 m à 1,65 m, mais très grande robustesse • Dimorphisme sexuel modéré • Corps trapu ; bras et jambes plutôt courts • Cage thoracique plus ouverte dite en forme de tonneau • Os longs recourbés et robustes sur lesquels se greffent des muscles puissants • Doigts aux extrémités longues et puissantes
Répertoire locomoteur	• Bipédie
Culture/ alimentation	• Début du Paléolithique moyen avec la culture moustérienne • Outils variés aux tranchants aigus (pointes, racloirs, denticulés, bifaces) dont certains sont emmanchés • Utilisation de différents percuteurs pour façonner des outils, dont le bois et l'andouiller • Utilisation du feu • Premiers signes de sépultures intentionnelles • Fabrication d'abris et de vêtements • Utilisation d'ocre pour les rituels • Quelques parures corporelles comme des pendentifs

La réalité de l'évolution
Pour connaître notre passé
Panorama de la lignée humaine
Vers l'avenir

Qu'est-il advenu des néandertaliens ?

Les hypothèses pour expliquer la disparition des néandertaliens foisonnent. Aucune ne rend totalement compte de ce phénomène, et plusieurs sont difficilement vérifiables. Les néandertaliens auraient-ils été victimes d'une épidémie apportée par les humains modernes ? Leur robustesse probablement associée à des besoins énergétiques supérieurs les a-t-elle défavorisés ? Certains suggèrent une infériorité culturelle par rapport aux humains modernes, ce qui, avec le temps, les aurait isolés de plus en plus. Une analyse de leur ADN révèle qu'ils constituaient bel et bien une espèce à part et que la question du métissage avec les hommes de Cro-Magnon demeure très peu probable.

Les « hobbits » de Flores

En 2003, l'équipe de Michael Morwood fait, sur l'île de Flores, en Indonésie, une découverte qui remue le monde scientifique : les restes étonnants d'une femelle adulte vieille de 18 000 ans dotée d'une capacité crânienne au tiers de celle des humains modernes (380 cm^3) et mesurant environ 1 m. On donne le nom d'*Homo floresiensis* à cette nouvelle espèce dont la taille rappelle les célèbres « hobbits » du livre *Le Seigneur des anneaux*.

Moulages de crâne d'un homme de Cro-Magnon et d'un *Homo floresiensis* adultes

L'*Homo floresiensis*	
Espèce	• *Homo floresiensis* (homme de Flores)
Époque	• 95 000 à 12 000 ans
Site	• Île de Flores, en Indonésie
Crâne	• Capacité crânienne d'environ 380 cm^3, mais cerveau organisé comme celui des homininés plus récents • Petites dents très humaines
Squelette postcrânien	• Taille : environ 1 m
Répertoire locomoteur	• Bipédie
Culture/ alimentation	• Variété d'outils en pierre associés au Paléolithique supérieur, lames et poinçons • Utilisation du feu • Chasse différentes espèces comme les stégodons (une lignée d'éléphants nains aujourd'hui disparue) et les rats géants

Une nouvelle espèce d'homininés ?

Dès lors, ce fossile d'homininé sera au centre d'une controverse qui n'est pas encore terminée. D'une part, certains croient qu'il s'agirait d'un *Homo sapiens* atteint de nanisme hypophysaire ou d'une affection comme la microcéphalie, une maladie qui entrave la croissance et limite le développement du cerveau. En mars 2008, d'autres (Obendorf et autres) ont conclu que ces « hobbits » étaient des humains modernes qui auraient été affectés par une forme de crétinisme causée par un manque sévère d'iode lors de leur croissance intra-utérine. Ils seraient donc nés avec une glande thyroïde qui n'était pas fonctionnelle. Cette condition entraîne une forme de nanisme associée à un cerveau de petite taille. C'est ce qui expliquerait la petite taille de ces fossiles. D'autre part, quelques chercheurs

La réalité de l'évolution
Pour connaître notre passé
Panorama de la lignée humaine
Vers l'avenir

accumulent des preuves révélant qu'il s'agit d'une nouvelle espèce d'homininés. Dean Falk, par exemple, a publié en 2007 les résultats de comparaisons effectuées entre des **endocastes** du cerveau des *Homo floresiensis* et ceux d'humains microcéphales actuels, de même qu'avec des moulages crâniens d'humains modernes normaux. Ses recherches démontrent que le cerveau d'*Homo floresiensis* n'était ni l'un ni l'autre et qu'il aurait subi une réorganisation interne tout en conservant un volume modeste. Le débat est donc loin d'être clos.

Pourquoi une si petite taille corporelle ?

L'explication la plus plausible à une si petite taille corporelle réside dans le nanisme insulaire, un phénomène pouvant affecter des espèces habitant sur une île. Puisque, dans ces milieux, les ressources alimentaires sont souvent limitées, les espèces dont la taille est supérieure à celle d'un lapin voient leur taille diminuer au fil du temps, alors que l'inverse se produit pour les espèces plus petites en raison du faible nombre de prédateurs naturels (un phénomène connu sous le nom de gigantisme insulaire). Ainsi, à Flores, à cette époque, vivaient des dragons de Komodo (des lézards géants), des rats géants, et aussi des stégodons, une faune somme toute assez surprenante.

Comparaison entre la taille d'un humain moderne et celle d'un *Homo floresiensis*

Si ces fossiles font vraiment partie d'une nouvelle espèce, ils témoignent d'un phénomène très intrigant. Pour la première fois de l'histoire de la lignée humaine, une espèce aurait été soumise aux mêmes contraintes évolutives, en l'occurrence le nanisme insulaire, que d'autres espèces animales.

Une légende locale raconte qu'il existait il n'y a pas si longtemps, dans les forêts de Flores, une petite créature appelée *Ebu gogo* dont les caractéristiques ressemblent aux *H. florensiensis*.

L'émergence d'*Homo sapiens*

L'homme de Cro-Magnon ou les premiers *Homo sapiens* d'Europe

Il y a 35 000 ans, en Europe occidentale, un nouveau venu fait son apparition : l'*Homo sapiens*. La découverte des premiers fossiles dans le village éponyme français de Cro-Magnon lui donnera son nom.

Anatomiquement, les hommes de Cro-Magnon étaient identiques aux humains actuels, mis à part la persistance chez eux d'une certaine robustesse en lien avec leur mode de vie actif et exigeant. Ils ont évolué dans le climat rigoureux, froid et plutôt sec des dernières glaciations. La steppe ou la prairie dominaient une partie du paysage, leur offrant un garde-manger impressionnant : rennes, bisons des steppes, chevaux et saïgas y abondaient.

Structurés en petits groupes semi-nomades, ces humains modernes pratiquaient la chasse et la cueillette. Ils vivaient dans des camps de base organisés, souvent érigés en plein air et composés de tentes aux formes diverses dont l'armature était constituée de pieux ou d'ossements de mammouths, ou ils s'installaient dans des abris sous roche qu'ils occupaient une partie de l'année.

On décèle sur leurs sites différentes aires d'activités spécialisées, par exemple pour le dépeçage et la fabrication d'outils. Les hommes de

Moulage d'un crâne d'homme de Cro-Magnon, un humain moderne d'Europe

La réalité de l'évolution
Pour connaître notre passé
Panorama de la lignée humaine
Vers l'avenir

Les Cro-Magnons fabriquaient parfois des abris à partir d'ossements de mammouth.

Cro-Magnon de France exploitaient intensivement le renne. Celui-ci était un produit de consommation inestimable : on le chassait pour se nourrir, pour fabriquer des outils, pour confectionner des vêtements et pour produire des objets d'art.

Le mammouth laineux a côtoyé, entre autres, les néandertaliens et les hommes de Cro-Magnons en Europe.

L'*Homo sapiens*	
Espèce	• *Homo sapiens* (homme sage) appelé aussi humain anatomiquement moderne
Époque	• À partir de 195 000 ans en Afrique • 35 000 ans en Europe
Sites	• Les plus anciens fossiles proviennent d'Afrique • Premier homininé en Australie et en Amérique • Répartition actuelle : sur toute la planète
Crâne	• Capacité crânienne : entre 1000 et 2000 cm^3, moyenne de 1350 cm^3 • Crâne globuleux et volumineux, front droit bien redressé • Arcades sourcilières plutôt effacées • **Nez osseux** • Dents petites sur arcades dentaires paraboliques • Visage plutôt plat (orthognathisme) et gracile • **Véritable menton**
Squelette postcrânien	• Gracilisation générale de la morphologie • Tailles très variables selon les populations du globe : de 1,40 m à 1,80 m, en moyenne • Faible dimorphisme sexuel • Grande variation anatomique mais faible diversité génétique
Répertoire locomoteur	• Bipédie
Culture/ alimentation	• Début du Paléolithique supérieur (de 36 000 ans à 12 000 ans) • Principal moyen d'adaptation des humains modernes • Succession rapide de différentes périodes culturelles • Utilisation variée de la matière première qui est souvent transportée sur de longues distances avant son utilisation • Fabrication d'outils plus fins, plus sophistiqués, plus tranchants • Aiguilles en ivoire, lames, burins, pointes, grattoirs • Premières armes de jet : propulseur, arc et flèches • Habitations élaborées avec aires de travail spécialisées • Art pariétal et art mobilier plus développés • Activités symboliques riches et variées • Inhumation rituelle des morts

La réalité de l'évolution
Pour connaître notre passé
Panorama de la lignée humaine
Vers l'avenir

L'évolution culturelle au Paléolithique supérieur

Tout comme les néandertaliens, qui partageront avec eux le territoire européen, les hommes de Cro-Magnon inhumaient leurs morts. Cependant, leurs sépultures dénotent des comportements rituels absents ou rares chez leurs cousins néandertaliens : des parures comme des perles en ivoire, des coquillages et même des outils et des ossements d'animaux accompagnaient souvent le défunt. Des traces d'ocre, une argile colorée, sont parfois détectées. Ces différences observées entre les sépultures pourraient être liées à une hiérarchie entre les individus.

L'époque culturelle du Paléolithique supérieur englobe tout l'inventaire des industries réalisées par les *H. sapiens*. Les outils étaient souvent fabriqués à partir de matériaux provenant de régions éloignées, ce qui suggère l'existence de réseaux d'échange entre populations.

Sépulture dans la grotte de Clamouse en France (34 000 ans)

Les *H. sapiens* fabriquaient des lames tranchantes, longues et aplaties dont plusieurs étaient détachées d'un seul bloc de pierre, une technique nouvelle. À preuve, il y a 50 000 ans, il était possible d'obtenir 2 m de tranchants pour 1 kg de pierre, alors qu'il y a 2,5 Ma on en obtenait seulement 10 cm pour le même kilogramme. Burins, grattoirs et couteaux garnissaient le coffre à outils de cette période. Le bois et l'andouiller étaient abondamment utilisés. Les peuples du Paléolithique supérieur ont aussi inventé des armes de jet

Où sont nés les premiers humains anatomiquement modernes ?

Cette question est au centre d'une des plus vives polémiques en paléoanthropologie, les scénarios étant fort nombreux.

Le modèle multirégional

Ardemment défendu par Milford Wolpoff, paléoanthropologue de l'Université du Michigan, ce modèle repose sur l'hypothèse que les anciennes souches d'homininés du globe (sauf l'Amérique, qui sera colonisée plus tard) ont plus ou moins simultanément évolué vers un type d'*Homo sapiens* moderne.

Pour vérifier ce modèle, il faudrait démontrer avec certitude l'existence d'une continuité régionale entre l'anatomie des anciens homininés des différents continents, qui serait passée par des formes intermédiaires pour arriver aux *sapiens* modernes.

Le fait que certains paléoanthropologues trouvent une continuité et que d'autres n'en trouvent pas pose problème. Plusieurs insistent toutefois pour dire qu'il est peu probable que différentes espèces d'homininés aient toutes convergé dans la même direction. Néanmoins, une des preuves utilisées par les tenants de ce modèle concerne la forme des incisives observées chez les *Homo erectus* et certains Chinois actuels. L'intérieur des incisives est en effet en forme de pelle, une caractéristique peu présente dans les autres populations.

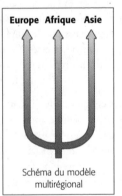

Schéma du modèle multirégional

Le modèle de l'origine africaine

Selon les tenants de ce scénario, *Homo sapiens* aurait émergé en Afrique il y a environ 200 000 à 100 000 ans. Après s'être dispersés sur leur terre natale, des membres de ces populations auraient émigré vers l'Asie et l'Europe il y a 50 000 ans. Ces *Homo*

qui leur permettaient de chasser au loin : pointes qui, une fois emmanchées, seront utilisées avec des javelots ou des propulseurs, arcs et flèches assurant une distance entre le chasseur et le gibier. Les ressources halieutiques étaient également exploitées, comme en témoignent les hameçons et les harpons munis de barbelures.

La réalité de l'évolution
Pour connaître notre passé
Panorama de la lignée humaine
Vers l'avenir

sapiens se seraient ensuite répandus sur la planète et auraient remplacé les vieilles populations locales déjà présentes en Europe (les néandertaliens), au Proche-Orient et en Asie (les *Homo erectus*). C'est la raison pour laquelle cette théorie est aussi appelée la théorie du remplacement.

Deux corpus de preuves la supportent. Tout d'abord, les plus anciens fossiles d'humains modernes datent de 195 000 ans et proviennent en l'occurrence d'Afrique de l'Est. Ensuite, les recherches sur la génétique, plus précisément sur l'**ADN mitochondrial**, montrent que les populations africaines actuelles possè-dent une plus grande diversité de ce type d'ADN que toutes les autres populations du globe (c'est-à-dire que ce sont elles qui auraient accumulé le plus grand nombre de mutations, ce qui en ferait donc les plus anciennes). Les tenants de cette théorie n'hésitent pas à faire le lien entre cette observation et l'hypothèse de l'origine africaine.

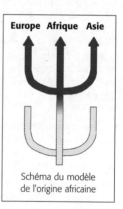

Europe Afrique Asie

Schéma du modèle
de l'origine africaine

Des résultats abondent dans le même sens avec l'étude du chromosome Y qui se transmet uniquement entre les hommes. Néanmoins, une étude réalisée sur la bêta-globine du sang suggère que des populations asiatiques pourraient avoir leurs propres variantes puisqu'elles sont absentes des souches africaines, un constat favorisant l'hypothèse multirégionale.

L'évolution réticulée

Cet autre scénario offre une synthèse des deux modèles précédents. Par exemple, il admet que les humains modernes seraient effectivement nés en Afrique, mais il soutient la possibilité d'un métissage des *Homo sapiens* avec des populations locales.

Les *Homo sapiens* sont les premiers à avoir laissé des manifestations artistiques à proprement parler de leur univers symbolique. Les populations européennes ont d'ailleurs légué de nombreux témoignages de ces représentations, que ce soit à travers l'art mobilier (bijoux, statuettes, etc.) ou l'art pariétal (peintures sur les parois des cavernes).

Le peuplement du Québec

L'archéologie préhistorique québécoise existe en tant que discipline universitaire depuis les années 1960, un résultat de l'effervescence intellectuelle liée à la Révolution tranquille. Auparavant, l'archéologie au Québec était dépour-

Qui sont les premiers Américains ?

Voilà une question au centre d'une des plus grandes controverses contemporaines en archéologie. Pendant longtemps, l'hypothèse de la migration via le détroit de Béring voulant que des groupes nomades en provenance de Sibérie aient atteint l'Alaska au cours des dernières grandes glaciations est celle qui a le plus retenu l'attention des chercheurs. Ces chasseurs nordiques mobiles seraient passés en Amérique en traquant les troupeaux d'herbivores qui empruntaient le pont terrestre de la Béringie alors à sec. Parvenus sur le nouveau continent, ils auraient poursuivi leur périple vers le sud en passant par un corridor libre de glace situé à l'est des Rocheuses.

Une hypothèse alternative suggère la voie maritime, une navigation d'îles en îles le long de la côte ouest ayant permis la migration. On appelle ces peuples Clovis, du nom du site éponyme au Nouveau-Mexique où les premières pointes diagnostiques de cette tradition vieille de 13 000 ans ont été découvertes.

Bien que l'emprunt du détroit de Béring ait été longtemps considéré comme la route du peuplement initial, d'autres découvertes ébranlent dorénavant cette confortable certitude archéologique. D'une part, des preuves s'accumulent en faveur d'un peuplement du continent américain antérieur à 13 500 ans. En effet, des sites comme ceux de Meadowcroft en Pennsylvanie, de Bluefish en Alaska et de Cactus Hill en Virginie auraient livré des signes d'une occupation humaine datant d'au moins 16 000 ans, et on a retrouvé des sites encore plus vieux en Amérique du Sud dont les datations, si elles sont fiables, laissent présager que des visiteurs se trouvaient à Monte Verde au Chili il y a plus de 30 000 ans. Des restes de foyers, des structures d'habitation de même que des outils variés témoignent de cette présence pour le moins controversée. Un autre site, celui de Pedra Furada au Brésil, donne lieu à une polémique. Des occupations de plus de 20 000 ans y auraient été décelées, ce qui continue d'alimenter le débat.

La réalité de l'évolution
Pour connaître notre passé
Panorama de la lignée humaine
Vers l'avenir

vue d'interrogations scientifiques sérieuses, et intéressait surtout des amateurs et des collectionneurs (Clermont, 1987). Un solide encadrement universitaire régit maintenant l'archéologie préhistorique, et une législation nationale, la Loi sur les biens culturels, réglemente les interventions archéologiques.

D'autre part, la communauté archéologique n'exclut pas la possibilité d'un peuplement multiple. Plusieurs vagues migratoires auraient eu lieu, dont certaines seraient originaires d'Asie ou d'autres régions du Pacifique (l'Océanie, par exemple). Un autre trajet est également envisagé : des groupes auraient atteint directement l'Amérique du Sud en effectuant un voyage transatlantique.

Des études réalisées sur l'ADN mitochondrial tentent de répondre à ces interrogations. Elles révèlent que les autochtones sont étroitement apparentés aux populations de Sibérie et du nord-est asiatique et que la première vague migratoire remonterait à plus de 20 000 ans, bien avant la culture Clovis.

Mais une autre lignée d'ADN mitochondrial laisse penser que des groupes d'autochtones, à l'instar des Ojibwés actuels, compteraient des représentants d'ascendance européenne. Pour Dennis Stanford et Bruce Bradley du Smithsonian Institute, cela constitue une preuve sérieuse d'un apport génétique européen. Sur le plan archéologique, on observe en effet une grande similitude entre les pointes Clovis et les pointes solutréennes (en forme de feuilles de laurier) d'Europe de l'Ouest. D'étonnantes similitudes technologiques sont démontrées dans la méthode de confection, et de nombreuses ressemblances ont aussi été décelées dans les sous-produits de ces outils.

Mais comment des aventuriers solutréens auraient-ils fait pour se retrouver en Amérique ? La navigation à bord de petites embarcations le long des glaciers qui recouvraient une partie de l'Atlantique est une possibilité. Cela dit, il est presque impossible de trouver des indices de leur périple, car ces sites sont submergés depuis la fin de la dernière glaciation.

Le mystère qui entoure la question du peuplement de l'Amérique est loin d'être résolu. L'incertitude subsiste quant à l'origine géographique de ses habitants et l'époque à laquelle les premiers humains ont foulé le sol américain. Toutefois, les recherches sur le sujet abondent, et elles devraient permettre de mieux comprendre la question au cours des prochaines années.

Constituer un échantillonnage représentatif des occupations humaines du passé s'est avéré une entreprise de taille pour les premières générations d'archéologues. Ce n'est qu'en 1978 que la communauté archéologique a produit sa première synthèse collective sur la préhistoire du Québec (Clermont, 1987). Il faut spécifier que le travail des archéologues s'est heurté à quelques obstacles, notamment l'étendue du territoire à explorer et la saisonnalité des fouilles, en raison du climat.

En effet, le Québec, avec une superficie d'environ 1 600 000 km^2, est constitué d'écosystèmes très variés. Il n'est pas étonnant qu'autant de ressources variables et inégalement **permissives** aient créé d'importantes pressions culturelles sur les groupes humains qui exploitaient ce vaste territoire. Sous la truelle des archéologues, il était donc raisonnable de s'attendre à découvrir quantité de scénarios adaptatifs régionaux.

Aujourd'hui, on sait que le Québec d'il y a 14 000 ans était recouvert d'un glacier continental, l'inlandsis laurentidien. Ce n'est qu'à partir d'il y a 12 500 ans que, en périphérie sud, la déglaciation s'est amorcée en Nouvelle-Angleterre et dans une bonne portion de l'Estrie. Il aura fallu patienter vers 11 000 ans pour voir apparaître des ressources plus variées et sans doute plus attrayantes pour accueillir de petites bandes mobiles de chasseurs (Parent et autres, 1985).

Il existe un découpage chronoculturel de la préhistoire au Québec qui s'inscrit dans une **aire archéologique** beaucoup plus grande, celle du Nord-Est américain. Trois grandes périodes sont reconnues : le Paléoindien, l'Archaïque et le Sylvicole, chacune d'elles se subdivisant en sous-périodes.

La réalité de l'évolution
Pour connaître notre passé
Panorama de la lignée humaine
Vers l'avenir

Chronologie des grandes périodes de la préhistoire du Québec méridional		
Période	**Époque**	**Années**
Paléoindien	Ancien	12 000 à 10 000 **AA**
	Récent	10 000 à 8000 AA
Archaïque	Ancien et moyen	10000 à 6000 AA
	Récent	6000 à 3000 AA
Sylvicole	Inférieur	3000 à 2400 AA
	Moyen	2600 à 1000 AA
	Supérieur	1000 à 400 AA

La période paléoindienne : 12 000 à 8000 AA

Les plus anciennes traces d'occupation du territoire québécois ont été identifiées en 2003 dans le secteur du lac aux Araignées, près du lac Mégantic. Des artefacts, dont les fameuses **pointes à cannelure proximale**, témoignent de la visite en sol québécois de ces premiers chasseurs de la tradition Clovis (Paléoindien ancien), des peuples qui chassaient principalement le caribou. Bien que des vestiges de cette tradition aient été découverts il y a longtemps en Ontario, dans les Maritimes et en Nouvelle-Angleterre, jamais ces outils n'avaient été signalés au Québec.

Pour sa part, la tradition Plano (Paléoindien récent), limitée essentiellement à la péninsule gaspésienne, est mieux documentée et se caractérise par des pointes à retouches parallèles, dites en pelure. Bien qu'il y ait peu de sites connus, on sait que ces bandes très mobiles de chasseurs ont abouti sur le territoire québécois en pistant la migration, depuis le sud, de troupeaux de cervidés.

Pointe de projectile de tradition Clovis à cannelure proximale caractéristique

Pointe de projectile de tradition Plano à retouches parallèles caractéristiques

La période archaïque : 10000 à 3000 AA

Des changements environnementaux ont soumis les habitants à de nouvelles pressions adaptatives, du fait d'avoir à dominer un couvert forestier qui se faisait de plus en plus dense, de même qu'une nature capricieuse, héritage de la déglaciation du territoire. Plusieurs niches écologiques sont alors devenues accessibles aux communautés humaines, et c'est dans ce contexte particulier que la période archaïque a émergé.

En fait, les traditions de l'Archaïque s'échelonnent sur un intervalle de temps de 5000 ans ou plus, selon les régions. Les archéologues subdivisent cette grande période en plusieurs époques en fonction des différentes manifestations culturelles observées, comme en témoignent par exemple les régionalismes reposant sur des adaptations à des ressources locales (*voir le tableau de la page 73*). L'Archaïque marque une longue période de domestication de l'environnement, de stabilisation des ressources et d'apprivoisement du territoire par les communautés humaines qui s'y sont progressivement enracinées. Mais, comme le démontrent les fouilles archéologiques, ce n'est qu'à l'Archaïque récent qu'une expansion territoriale du peuplement s'est amorcée. Ces dernières révèlent que les systèmes adaptatifs déployés par les populations de l'Archaïque étaient plus diversifiés que ceux observés chez leurs prédécesseurs du Paléoindien, même si de nombreuses similarités technologiques et socioéconomiques ont perduré.

La chasse a continué de dominer les activités de subsistance, mais les variations saisonnières ont donné aux humains l'occasion de se faire pêcheurs ou cueilleurs. Des objets en cuivre natif, tels des pointes de javelot et des bijoux, ont circulé dans la vallée du Saint-Laurent par l'intermédiaire d'un vaste réseau d'échange allant jusqu'au lac Supérieur. Des

La réalité de l'évolution
Pour connaître notre passé
Panorama de la lignée humaine
Vers l'avenir

outils en pierre polie, des propulseurs, des pointes de projectile variées, des filets de pêche, des récipients en pierre à savon (stéatite), de même que des outils en os comme des pointes, des aiguilles, des harpons et des hameçons sont quelques exemples de la culture matérielle élaborée des artisans de l'Archaïque. Néanmoins ces derniers ignoraient aussi bien l'usage de la poterie et des pipes que l'agriculture.

La période sylvicole : 3000 à 400 AA

Le Sylvicole s'étend sur les derniers 2600 ans de la préhistoire québécoise. C'est pendant le Sylvicole inférieur que la poterie a fait son apparition. Ces premiers récipients, destinés à la cuisson des aliments, étaient montés au colombin – c'est-à-dire à l'aide de boudins d'argile enroulés en spirale –, avaient une forme cylindro-conique et étaient traités au battoir cordé – une sorte de palette entourée d'une cordelette qui laissait des empreintes « textiles » autant sur la surface du vase qu'à l'intérieur de celui-ci.

Un nouveau rituel funéraire, la crémation, a fait son apparition en même temps qu'un art mobilier caractérisé notamment par la fabrication de colliers et de pierres qui évoquent la forme d'oiseaux stylisés et qui semblent avoir servi dans des rituels funéraires ou comme objets de prestige. Des pipes en pierre polie, puis en argile avec fourneau, témoignent de l'usage du tabac.

Il est intéressant de noter que l'épisode Meadowood est l'événement culturel le plus marquant de cette période. Il se caractérise par trois types d'outils (grattoirs triangulaires bifaciaux, pointes à encoches latérales et lames de cache, des pointes pouvant être récupérées et retravaillées ultérieurement) qui sont taillés principalement dans le chert Onondaga, un silex provenant de l'État de New York et du sud de l'Ontario.

Pointe de projectile Meadowood typique à encoches latérales

Poterie du Sylvicole
inférieur de type Vinette I

Poterie caractéristique
du Sylvicole moyen ancien

Poterie de tradition Melocheville
du Sylvicole moyen tardif

Poterie typique des Iroquoiens du
Saint-Laurent (période horticole)

Le Sylvicole moyen (phases ancienne et tardive) se caractérise principalement par un essor démographique, une tendance à la sédentarisation saisonnière et une évolution dans la décoration et les formes de la poterie. Par exemple, la phase ancienne est dominée par l'unité décorative en empreinte ondulante connue sous le nom de *pseudo-scallop shell* parce qu'elle rappelle la forme d'un coquillage marin.

Le Sylvicole supérieur a pris fin avec la période du contact, moment où les Amérindiens sont entrés dans l'histoire européenne. Les récipients d'argile de cette période n'étaient plus montés au colombin, technique remplacée par celle du battoir sur enclume qui consistait à modeler une motte d'argile sur un support servant de moule. Les vases typiques comportaient une panse globulaire traitée au battoir gaufré (motif en damier) et étaient souvent ornés d'un parement garni de

La réalité de l'évolution
Pour connaître notre passé
Panorama de la lignée humaine
Vers l'avenir

motifs variés faits la plupart du temps par des incisions et des ponctuations, et surmonté de lignes sinueuses à l'allure de crêtes. La diversification et la régionalisation des styles céramiques sont devenues pour les archéologues des indicateurs fiables de l'existence d'entités culturelles iroquoiennes distinctes le long de la vallée du Saint-Laurent.

La transition majeure de cette période demeure toutefois l'adoption d'une économie mixte reposant sur le développement de l'agriculture, le maintien de la prédation de produits sauvages et le commerce de biens. Le maïs, la courge et le haricot (ce que les archéologues appellent les « trois sœurs iroquoiennes ») constituaient la base alimentaire de cette période horticole, la culture du tournesol et du tabac occupant également une place importante. Un autre fait à signaler est l'instauration de communautés villageoises, dont l'organisation sociale de base était fondée sur la maison longue. Ces habitations, qui pouvaient atteindre jusqu'à 50 mètres de longueur et dont l'organisation reposait sur la matrilinéarité et la matrilocalité, abritaient plusieurs familles dont les épouses des hommes étaient étroitement apparentées. Les plus gros villages, composés d'une quarantaine de maisons longues, regroupaient environ 2000 personnes.

La période du contact : le XVIe siècle

Jacques Cartier, lors de son premier voyage en juillet 1534, a pris connaissance de l'existence de villages et de leurs habitants lorsqu'il a remonté le fleuve Saint-Laurent. Mais entre son dernier voyage et la première venue de Champlain, c'est-à-dire entre 1542 et 1603, les Iroquoiens du Saint-Laurent ont mystérieusement disparu. Plusieurs hypothèses sont avancées pour expliquer ce phénomène. Parmi celles à considérer, on invoque des rivalités avec d'autres groupes amérindiens, mais aussi l'introduction de germes d'origine européenne qui auraient eu un impact dévastateur sur les Amérindiens, ces derniers ne possédant aucune défense naturelle pour les combattre.

Le Néolithique ou la transformation du mode de vie

Il y a environ 10 000 ans, des transformations importantes dans le mode de vie des humains se sont produites au Proche-Orient. Elles ont été décisives pour l'espèce humaine et la planète.

Les plus anciens homininés avaient un régime alimentaire basé principalement sur la cueillette, la consommation de viande étant occasionnelle. Avec l'apparition d'*H. habilis* et le développement d'outils, l'apport de viande devient plus important et même nécessaire au développement du cerveau humain. *H. ergaster* chasse encore davantage, ce qui entraîne une augmentation de la quantité de protéines dans sa diète. Les homininés deviendront finalement de véritables chasseurs-cueilleurs.

L'évolution culturelle s'est perfectionnée au fil du temps et a permis de faire des homininés de redoutables prédateurs, à tel point que les chasseurs *sapiens* auraient contribué à l'extinction de nombreuses espèces. En effet, pendant tout le Paléolithique, la subsistance des homininés reposait sur la prédation des ressources. Les homininés prenaient leur nourriture dans leur environnement. Ils cueillaient des plantes, récoltaient des fruits et déterraient des racines. Ils se contentaient des charognes puis ont découvert la chasse. Ces prédateurs sont devenus de plus en plus efficaces.

Le Néolithique, ou âge de la pierre polie, est caractérisé par le passage vers une économie de production. On assiste à un tel phénomène pour la première fois dans l'histoire de la planète. Même si on sait aujourd'hui que le Néolithique n'a pas été le théâtre d'une transformation instantanée, il n'en demeure pas moins que les humains modernes sont les héritiers directs de la mutation sociale majeure qui a marqué cette période.

La réalité de l'évolution
Pour connaître notre passé
Panorama de la lignée humaine
Vers l'avenir

Le premier foyer de néolithisation est désigné sous l'appellation de **croissant fertile**. Il est situé au Proche-Orient, une région qui englobe aujourd'hui une partie de l'Irak, de la Turquie et de l'Iran. Pourquoi cette région ? Le climat s'est modifié (c'était la fin des dernières glaciations), ce qui a entraîné des changements dans l'environnement et des pressions d'adaptation accrues sur les populations. La faune devenue moins abondante, ceci conjugué à une augmentation démographique, pourrait avoir été un élément déclencheur.

Plusieurs innovations sont rattachées au Néolithique, mais la domestication animale et végétale en est certes la plus déterminante. Parmi les plus anciennes espèces animales domestiquées, on compte le mouton, la chèvre, le porc et le bœuf. Une connaissance rigoureuse de la nature a permis aux premiers paysans de sélectionner les plantes les plus prometteuses en matière de production alimentaire, tels le

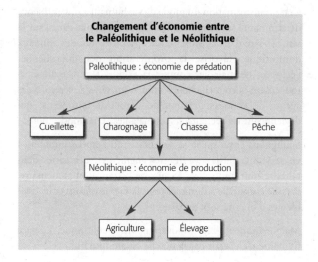

Changement d'économie entre le Paléolithique et le Néolithique

Paléolithique : économie de prédation

Cueillette Charognage Chasse Pêche

Néolithique : économie de production

Agriculture Élevage

Le blé est une des premières céréales à avoir été domestiquée.

blé, l'orge et les lentilles, dans l'idée de les cultiver par la suite. On sait aujourd'hui que plusieurs foyers d'invention sont apparus indépendamment les uns des autres dans différentes régions du globe.

D'autres changements sociaux prenant place au Néolithique auront des répercussions majeures sur l'espèce humaine. La vie villageoise apparaît, et le surplus alimentaire généré par la domestication des ressources exige un contrôle administratif soutenu et de plus en plus complexe. Les premières véritables inégalités sociales émergent au cours de cette période, et les premiers spécialistes se manifestent, libérés des contraintes liées à la recherche de nourriture. La céramique, le tissage de même que de nouveaux défis technologiques caractérisent cette révolution sociale.

Cette transformation du mode de vie humain a une influence déterminante sur l'organisation des sociétés, mais aussi sur la santé. Vivre dans la promiscuité et à proximité des animaux domestiqués favorise la prolifération des microbes et l'éclosion de maladies comme la grippe, la tuberculose, la rougeole et la coqueluche. Ces nouveaux virus s'avéreront des agents de conquête redoutables pour les Européens, qui deviendront les vecteurs de ces maladies (Diamond, 2000).

Soulignons enfin qu'en se sédentarisant, l'espèce humaine a vu sa vulnérabilité aux disettes augmenter. Les caries dentaires se sont multipliées à cause de la transition alimentaire, la taille corporelle a diminué pour la même raison, et les problèmes d'obésité sont apparus.

Malgré tout, sans les innovations du Néolithique, l'espèce humaine n'en serait pas là où elle est aujourd'hui.

La réalité de l'évolution
Pour connaître notre passé
Panorama de la lignée humaine
Vers l'avenir

Vers l'avenir

Une évolution surtout culturelle

Il est facile de constater que les humains se distinguent des autres espèces par la complexité de leur culture, un univers inaccessible aux autres créatures terrestres. L'espèce humaine a atteint un point de non-retour il y a environ 100 000 ans, au moment où la culture a pris le relais de l'évolution biologique. Depuis, la culture est devenue le moyen incontournable des sociétés humaines de résoudre les problèmes et les défis de tous ordres.

Si les primates, cousins de l'humain, sont aussi capables d'apprentissage, nulle autre espèce animale ne dépend davantage que l'humain de cette capacité à apprendre et à imiter pour survivre. Il faut sans doute s'en réjouir, puisque l'adaptation culturelle est transmissible à tous, contrairement à l'indifférence de la sélection naturelle, qui ne favorise que les individus ayant hérité des meilleurs allèles. La courroie de transmission de l'humain n'est plus les gènes mais l'apprentissage découlant d'une capacité d'imitation sans précédent et jamais égalée dans la nature.

« Tous les espoirs sont permis à l'homme, même celui de disparaître. »

Jean Rostand, Pensées d'un biologiste

Un autre avantage de l'adaptation culturelle est sa rapidité, permise notamment par le langage : il n'est plus nécessaire d'attendre des générations pour qu'une innovation se propage dans plusieurs groupes culturels. La vitesse de diffusion des innovations culturelles est de plus en plus rapide grâce au perfectionnement de la technologie qui rend les communications quasi instantanées et abolit, par le fait même, les frontières. La culture est cumulative et permet de transmettre un ensemble de savoirs à chaque génération, et celui-ci augmente entre chacune d'elles. Aujourd'hui, personne ne peut proclamer tout connaître tellement le savoir de l'humanité est titanesque.

Bref, l'adaptation culturelle est ce qui donne à l'espèce humaine cette grande flexibilité comportementale mais également ses immenses et inquiétants pouvoirs sur la nature.

Au secours...

Néanmoins, tout a un prix. L'évolution technologique est devenue tellement rapide que l'asymétrie entre l'évolution culturelle et l'évolution biologique engendre à son tour de nouveaux défis. Ces pressions sont d'ordre culturel : le cerveau humain a de la difficulté à suivre le rythme pour s'adapter aux changements prodigieux qui se produisent – problèmes physiologiques, psychologiques et suicides en sont quelques conséquences. N'oublions pas que l'être humain a un corps d'homme de Cro-Magnon, dont le cerveau a été façonné dans un environnement de chasseur-cueilleur pour résoudre des défis d'il y a 100 000 ans – lesquels, à n'en pas douter, sont bien différents des défis posés par les sociétés modernes (Barrette, 2000).

Mais les sociétés actuelles se sont aussi transformées. On déplore qu'elles soient de moins en moins humaines, centrées qu'elles sont sur la glorification personnelle au détriment du bien-être collectif. Le développement technologique progresse à une vitesse vertigineuse, et le corps humain tente du mieux qu'il peut de s'adapter à ces nouvelles pressions environnementales. Le cerveau est exposé à des quantités colossales d'informations qui doivent être traitées quotidiennement. Le mode de vie a des répercussions sur le corps, un corps qui, au départ, n'a pas été forgé pour jouer à des consoles de jeux vidéo ou pour fureter sur Internet plusieurs heures par jour. La sédentarité rend l'être

À cause des répercussions des activités humaines et des bouleversements qu'elles provoquent sur la planète depuis la révolution industrielle, Paul Crutzen, Prix Nobel de chimie, propose de nommer une nouvelle ère géologique : l'Anthropocène.

La réalité de l'évolution
Pour connaître notre passé
Panorama de la lignée humaine
Vers l'avenir

humain malade mais, paradoxalement, la médecine prolonge son espérance de vie à des coûts exorbitants. De surcroît, la transformation radicale du régime alimentaire entraîne une épidémie d'obésité dans les pays les mieux nantis, épidémie qui se propage progressivement au reste de la planète.

L'évolution a ainsi créé une forme d'impasse : elle a bricolé une espèce dotée d'un programme génétique très souple permettant l'apprentissage jusqu'à la mort. Mais cette aptitude exceptionnelle du cerveau humain en cache une autre, redoutable : la faculté de s'en servir au détriment de sa propre espèce et de conduire l'humanité à sa propre perte.

Modifier l'espèce humaine ?

Les découvertes en biotechnologie ouvrent la porte à des possibilités qui relevaient de la science-fiction dans un passé pas si lointain. Bientôt, les humains pourront modifier leur bagage génétique. Les tentatives se concentrent actuellement sur le traitement de certaines maladies par l'application de la thérapie génique ainsi que dans le domaine de la reproduction, dans le but, notamment, de permettre aux couples infertiles d'avoir des enfants.

On estime que la fréquence des extinctions d'espèces vivantes actuelles est de 100 à 1000 fois supérieure à celle des extinctions naturelles du passé.

Au fur et à mesure que les connaissances progresseront, d'autres interventions seront possibles. Dès lors, les parents pourront-ils faire des enfants sur mesure ? L'être humain saura-t-il honorer le statut de *sapiens* qu'il s'est lui-même octroyé, c'est-à-dire celui de singe sage ? Ou alors cédera-t-il à la tentation de modifier son patrimoine génétique, fruit de plusieurs années d'évolution ?

Chose certaine, ces manipulations génétiques ne seront pas permises d'emblée. On a vu récemment l'immense controverse soulevée par la possibilité de cloner un être humain. Les bio-technologies regorgent de promesses quant à l'amélioration du sort de l'humain, mais leur utilisation devra être encadrée avec grande circonspection. D'amers débats sur les organismes génétiquement modifiés déchaînent d'ores et déjà les passions. Il n'est pas difficile d'imaginer leur ampleur lorsqu'il sera question de modifier le patrimoine génétique de l'espèce humaine.

L'humain : un facteur d'évolution

Que dire maintenant des répercussions du comportement humain sur la biodiversité planétaire? Roger Lewin et Richard Leakey, coauteurs du livre *La sixième extinction*, annonçaient déjà en 1997 que les attitudes et comportements des humains allaient devoir changer en profondeur si l'on souhaite éviter une hécatombe dans le monde vivant. L'aspect le plus inquiétant de la question demeure que, pour la première fois de l'histoire de la vie, une espèce vivante pourrait être responsable d'une extinction massive, alors qu'auparavant il a toujours été question de catastrophes naturelles, à moins de qualifier l'espèce humaine de catastrophe naturelle sur deux pattes !

En abusant des ressources de la Terre par l'exploitation excessive de la biomasse et en déboisant outrageusement, le genre humain tue, bon an mal an, des milliers d'espèces tout en modifiant le climat de la planète. Les espèces végétales et animales disparaissent à un rythme effréné. Depuis la révolution industrielle surtout, les humains sont devenus des facteurs d'évolution : ils contrôlent, consciemment ou inconsciemment, l'évolution à l'échelle planétaire.

Activités pédagogiques

Exercice en archéologie urbaine

Cet exercice, inspiré du Garbage Project, vise à initier les étudiants aux rudiments de l'enquête archéologique. Pour le réaliser, il suffit de recueillir le contenu de quelques bacs de récupération provenant de différentes habitations. Après nettoyage, il est proposé de diviser le contenu de chacun d'eux en quatre et de le déposer dans de grands sacs de manière à former des associations d'artefacts issus de quadrants du même puits, tout comme serait divisé un puits sur un site archéologique en quadrants SW (sud-ouest), SE (sud-est), NW (nord-ouest) et NE (nord-est). Il faut ensuite attribuer un numéro à chacun des sacs accompagné de l'origine fictive du quadrant (SW, SE, NW et NE) afin de s'assurer que les équipes qui travaillent sur le même puits seront réunies pour faire la deuxième étape du travail. Ces sacs sont distribués aléatoirement à des équipes constituées de deux ou trois étudiants (un sac par équipe).

La première partie du travail consiste à faire le recensement du contenu du sac et à décrire chaque artefact. Il s'agit de recueillir le plus de renseignements possible sur ces témoins culturels. Voici quelques pistes pouvant être explorées :

- De quel matériau sont-ils constitués ? (de papier [journal, glacé], de métal ou de verre)
- Trouve-t-on des formats d'emballage pour des produits destinés à la consommation individuelle ou familiale ?
- Y a-t-il des dates de péremption sur les produits, ou retrouve-t-on des dates sur les journaux ou revues ? Y a-t-il du courrier personnel qui fournit des renseignements sur les habitants de cette unité ?

2 Les quatre équipes qui ont travaillé sur le même puits se réunissent ensuite et tentent de dresser, à l'aide du catalogue qu'ils viennent d'élaborer, un portrait global de l'unité étudiée. L'objectif est de faire des déductions justifiées sur les caractéristiques de la vie des gens à partir des témoins décrits.

Voici quelques pistes de réflexion possibles :

- Combien y avait-il d'occupants à cet endroit ?
- Qui y vivait (personne seule [homme ou femme], famille biparentale ou monoparentale, avec ou sans enfants, etc.) ?
- Est-il possible d'identifier la localité où les objets trouvés dans ce bac ont été recueillis ?
- Y a-t-il des indications sur le sexe, l'âge, l'appartenance ethnique des occupants, leur statut socio-économique (scolarité, profession, rentiers, etc.) ?
- En quelle année ces artefacts ont-ils été réunis ?

Certains témoins culturels peuvent aussi renseigner sur les habitudes de vie : alimentation, pratique de sports ou de passe-temps, tabagisme, maladie ou condition quelconque, pratiques religieuses, présence d'animaux de compagnie.

Exercice d'anatomie comparée humain/chimpanzé

Cet exercice permet d'observer et de relever les similitudes et les différences anatomiques entre les chimpanzés et les humains modernes.

Le squelette crânien

Prognathisme

- Que pouvez-vous dire du prognathisme de l'humain par rapport à celui du chimpanzé ?

Capacité crânienne

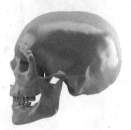

- La capacité crânienne est le terme usuel pour indiquer le volume du cerveau en centimètres cubes (cm^3). Consultez le tableau des caractéristiques des humains actuels (*voir la page 66*) pour connaître leur capacité crânienne, puis établissez combien de fois le cerveau humain est plus volumineux que celui des chimpanzés, sachant que celui-ci mesure approximativement 450 cm^3.

- Qualifiez les caractéristiques de la boîte crânienne d'un humain et celles de la boîte crânienne d'un chimpanzé en utilisant les termes suivants : allongée vers l'arrière – ronde/globuleuse – basse et sans front – front développé.

Arcades sourcilières

- Quels sont les meilleurs qualificatifs pour décrire cette structure chez les deux espèces : forte/développée/massive – plutôt faible/gracile – proéminente – peu prononcée/effacée ?
- Laquelle des deux espèces possède ce qu'on appelle un torus supraorbitaire ?

Menton

- Observez attentivement l'extrémité de la mandibule (mâchoire inférieure) des chimpanzés et des humains. Que remarquez-vous de particulier ?

Humain

Chimpanzé

Appareil dentaire

- Pour connaître la formule dentaire, partez du milieu des dents de devant et faites le décompte, par demi-mâchoire, du nombre d'incisives, de canines, de prémolaires et de molaires pour chacune des espèces. Pour connaître la quantité totale de dents, additionnez toutes les dents d'une demi-mâchoire et multipliez le nombre obtenu par quatre.
- Comment qualifier la forme de l'arcade dentaire (l'os où sont implantées les dents) : en forme de U (les molaires sont alors parallèles les unes aux autres) ? plutôt évasée (les molaires s'éloignent les unes des autres vers le fond de la bouche) ?
- Chez quelle espèce observe-t-on un diastème fonctionnel ? Quelle est l'utilité de cette caractéristique ?

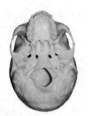

Trou occipital

- Décrivez la position du trou occipital chez les deux espèces : est-il centré sous le crâne ou situé davantage vers l'arrière ?
- Pour quelle raison principale la position du trou occipital est-elle différente chez les humains et chez les chimpanzés ? Faites le lien avec le mode de locomotion de chacune des espèces.

Le squelette postcrânien

- Qualifiez la forme générale de la colonne vertébrale chez les deux espèces : une courbure unique dite en arche, ou des courbures multiples donnant une forme rappelant un S ?

Longueur relative des membres

- Observez attentivement les membres inférieurs et supérieurs des deux espèces (*voir le squelette du chimpanzé à la page 88 et le squelette ci-contre*). Quelles sont, sous cet aspect, les différences les plus frappantes entre l'humain et le chimpanzé ?

Bassin

- Qualifiez la forme générale du bassin de chacune des espèces par les termes suivants : court et large, ou long et étroit.

- En examinant la forme du bassin de Lucy, que déduisez-vous de son mode de locomotion ?

Position des fémurs

- Comparez la position des fémurs (os de la cuisse) par rapport au bassin chez les deux espèces. Que remarquez-vous de particulier ?

Pied

- Comparez et qualifiez la forme, la longueur et la grosseur des orteils de chacune des deux espèces.

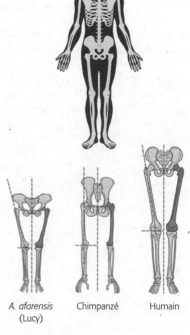

A. afarensis (Lucy)   Chimpanzé   Humain

Chimpanzé

Humain

Glossaire

AA : Abréviation signifiant « avant aujourd'hui », dont l'année de référence est 1950, moment où la datation par le radiocarbone a été élaborée.

Acide aminé : Molécule qui est le principal constituant des protéines.

ADN (acide désoxyribonucléique) : Macromolécule, principal constituant des chromosomes, qui sont le support du matériel génétique.

ADN mitochondrial : Type d'ADN transmis uniquement par la mère dont le taux de mutation est plus élevé que celui de l'ADN nucléaire. On présume que ces mutations se produisent à intervalles réguliers, créant ainsi une véritable « horloge » moléculaire qui peut servir à dater certains événements du passé.

Aire archéologique : Aire culturelle au temps de la préhistoire (par exemple, le Nord-Est américain est une zone géographique qui présente un ensemble d'éléments culturels caractéristiques permettant d'affirmer qu'un vaste réseau d'interactions liait les populations de ce territoire).

Allèle : Forme alternative que peuvent prendre certains gènes au même endroit sur une paire de chromosomes homologues.

Anthropoïdes : Toutes les espèces de primates à l'exclusion des lémuriens et des tarsiers.

Anthropomorphes : Taxon de primates qui inclut le gibbon, le siamang, l'orang-outang, le gorille, le chimpanzé, le bonobo, de même que l'humain.

Arboricolisme : mode de locomotion qui implique des déplacements dans les arbres.

Archéologie : Étude de la diversité culturelle des populations de la préhistoire.

Caractère dérivé : Caractère évolué, acquis *après* l'ancêtre commun à un ensemble d'organismes.

Caractère primitif : Caractère ancestral, acquis *avant* l'ancêtre commun à un ensemble d'organismes.

Cellule : Unité de base du monde vivant.

Chromosome : Petit bâtonnet contenu dans le noyau des cellules, qui contient l'information génétique propre à chaque individu.

Crête nucale : Crête osseuse, au niveau de la nuque, servant à soutenir les muscles de la nuque.

Crête occipitale : Crête osseuse, à l'arrière du crâne, souvent présente chez les *Homo erectus*.

Crête sagittale : Crête osseuse au sommet du crâne, de l'avant vers l'arrière le long de la suture sagittale, où sont attachés les muscles temporaux utilisés pour mouvoir la mâchoire.

Croissant fertile : Région qui comprend la Turquie, l'Irak et la Syrie, où sont apparus les premiers éleveurs et agriculteurs.

Dents déciduales : Se dit des dents de la première dentition chez les mammifères (communément appelées dents de lait).

Dérive génique : Changement aléatoire dans la fréquence des allèles d'une population, le plus souvent de faible effectif.

Diastème : Espace entre les dents qui permet de fermer la mâchoire lorsque les canines sont protubérantes.

Dimorphisme sexuel : Différence de taille entre les mâles et les femelles au sein d'une même espèce.

Dominant : Se dit d'un trait génétique qui s'exprime toujours chez un individu, dès qu'une copie d'un allèle d'un gène est héritée d'un de ses deux parents.

Endocaste : Moulage de l'intérieur de la boîte crânienne fait naturellement au cours de la fossilisation, qui peut aussi être obtenu en moulant l'intérieur de crânes fossilisés.

Évolution : Processus naturel à la base de la transformation du monde vivant.

Frugivore : Dont le régime alimentaire est basé en grande partie sur la consommation de fruits.

Gène : Segment de chromosome qui est responsable de la transmission d'un caractère héréditaire particulier.

Hétérotrophe : Se dit d'un organisme dont le mode de nutrition repose sur la consommation d'autres organismes.

Hominidés : Famille de primates qui inclut les grands singes africains, les humains ainsi que leurs ancêtres.

Homininés : Sous-famille des hominidés qui inclut plusieurs genres, dont *Australopithecus*, *Paranthropus* et *Homo*.

Hominisation : Ensemble des phénomènes biologiques et culturels qui ont contribué au développement de la sous-famille des homininés, et plus particulièrement de l'espèce humaine.

Homologie : Similarité anatomique entre des espèces, qui provient d'un ancêtre commun.

Industrie lithique : Terme utilisé pour désigner le travail de la pierre, qui comprend autant les outils que les déchets liés à leur fabrication.

Macrodontie : Se dit de la tendance à l'augmentation graduelle de la taille des dents (jugales, surtout) au fil de l'évolution d'une lignée, par exemple la macrodontie des paranthropes.

Microdontie : Se dit de la tendance à une diminution graduelle de la taille des dents (jugales surtout) au fil de l'évolution d'une lignée, par exemple la microdontie du genre *Homo*.

Nez osseux : Projection en avant de la matière osseuse formant un début de nez.

Nucléus : Désigne le bloc de pierre utilisé pour fabriquer des outils.

Paléoanthropologie : Étude de la diversité biologique des homininés au cours du temps.

Paléolithique (âge de la pierre ancienne) : Période de la préhistoire qui commence avec le travail de la pierre et qui est caractérisée par un mode de vie basé sur la prédation. Il se divise en trois parties : inférieur, moyen et supérieur.

Paléopathologie : Sous-discipline de la paléoanthropologie qui s'intéresse aux maladies et aux conditions de santé dans la préhistoire.

Permissive : Terme rattaché à la capacité d'accueil, en fonction des ressources, pouvant assurer la survie des populations humaines fréquentant un territoire.

Pic adaptatif anatomique : Adaptation optimale pouvant être atteinte par un caractère dans un milieu donné ; s'oppose à la plasticité adaptative attendue dans un milieu changeant.

Pointe à cannelure proximale : Pointe de jet paléoindienne ancienne de la tradition Clovis, laquelle présente à sa base un enlèvement caractéristique couvrant le tiers ou le quart de la pointe.

Primatologie : Étude des primates, tant sur les plans anatomique, physiologique et génétique que sur le plan comportemental, et dont un des objectifs est de mieux connaître l'espèce humaine et son évolution.

Prognathisme : Saillie de la partie inférieure du visage et de la mâchoire.

Radiation adaptative : Phénomène évolutif qui se produit lorsqu'une espèce ancestrale se diversifie en plusieurs lignées qui occuperont différentes niches écologiques.

Récessif : Se dit d'un trait génétique qui s'exprime uniquement si l'allèle du gène qui en est responsable est donné à la fois par le père et par la mère.

Sélection naturelle : Mécanisme évolutif qui favorise la reproduction des individus dotés des variations génétiques les plus avantageuses dans certains milieux.

Torus supraorbitaire : Bourrelet osseux au-dessus des orbites des yeux.

Trou occipital (*foramen magnum*) : Ouverture à la base du crâne par laquelle passe la moelle épinière pour s'unir au cerveau.

Véritable menton : Projection vers l'avant de la base de la mâchoire inférieure.

Vertébrés : Clade regroupant les animaux qui possèdent une colonne vertébrale : poissons, amphibiens et amniotes (reptiles, mammifères et oiseaux).

Médiagraphie

ALEMSEGED, Z., et autres. « A juvenile early hominin skeleton from Dikika, Ethiopia », *Nature*, vol. 443, septembre 2006, p. 296-301.

BACKWELL, L. R., et F. D'ERRICO. « Evidence of termite foraging by Swartkrans hominids », *Proceedings of the National Academy of Sciences*, vol. 98, janvier 2001, p. 1358-1363.

BARRETTE, C. *Le miroir du monde : évolution par sélection naturelle et mystère de la nature humaine*, Sainte-Foy, MultiMondes, 2000, 337 pages.

BOUCHARD, G. « Information génétique et risque de stigmatisation collective : l'exemple du Saguenay–Lac-Saint-Jean », *M/S : médecine sciences*, [En ligne], vol. 20, n° 1010, 2004. [www.erudit.org/revue/ms/2004/v20/n10/009343ar.html] (Consulté le 24 mai 2007).

BOYD, R., et J. SILK. *L'aventure humaine : des molécules à la culture*, Bruxelles, de Boeck, 2004, 583 pages.

CLERMONT, N. « La préhistoire du Québec », *L'Anthropologie*, vol. 91, n° 4, 1987, p. 847-858.

COPPENS, Y. *Histoire de l'homme et changements climatiques*, Paris, Collège de France Fayard, 2006, 92 pages.

DELOISON, Y. *La préhistoire du piéton : essai sur les nouvelles origines de l'homme*, Paris, Plon, 2004, 239 pages.

DIAMOND, J. *De l'inégalité parmi les sociétés : essai sur l'homme et l'environnement dans l'histoire*, Paris, Gallimard, 2000, 484 pages.

FALK, D. « Brain shape in human microcephalics and *Homo floresiensis* », *Proceedings of the National Academy of Sciences*, vol. 105, n° 7, février 2007, p. 2513-2518.

GAGNON, A., H. VÉZINA et B. BRAIS. « Histoire démographique et génétique du Québec », *Pour la science*, n° 287, septembre 2001, p. 62-65.

LAROCQUE, R. « La paléopathologie des sociétés historiques, ou ce que l'histoire ne dit pas », *Recherches amérindiennes au Québec*, vol. 24, n° 1-2, printemps 1994, p. 103-111.

LAROCQUE, R. « La naissance et la mort à Québec autrefois : les restes humains des cimetières de la basilique Notre-Dame-de-Québec », *Cahiers d'archéologie du CELAT*, n° 5, 2000, 230 p.

LEAKEY, R., et R. LEWIN. *La sixième extinction*, Paris, Flammarion, 1997, 352 pages.

LECOINTRE, G. *Comprendre et enseigner la classification du vivant*, Paris, Belin, 2004, 311 pages.

LONDSORF, E. V., et autres. « Sex Differences in Learning in Chimpanzees », *Nature*, vol. 428, avril 2004, p. 715-716.

MERCADER, J., et autres. « 4,300-year-old chimpanzee sites and the origins of percussive stone technology », *Proceedings of the National Academy of Sciences*, vol. 104, n° 9, février 2007, p. 3043-3048.

MULOT, R. « Révisez vos manuels de préhistoire », *Science et avenir*, n° 710, avril 2006, p. 62-67.

OBENDORF, P. J., et autres. « Are the small human-like fossils found on Flores human endemic cretins ? », [En ligne]. [journals.royalsociety.org/content/jl77276376781n87/fulltext.pdf] (Consulté le 7 mars 2008).

PARENT, M., et autres. « Paléogéographie du Québec méridional entre 12 500 et 8000 ans AA », *Recherches amérindiennes au Québec*, vol. 15, n° 1-2, printemps-été 1985, p. 17-37.

PICQ, P. *Au commencement était l'homme : de Toumaï à Cro-Magnon*, Paris, Odile Jacob, 2003, 257 pages.

PRUETZ, J. D., et P. BERTOLANI. « Savanna Chimpanzees, *Pan troglodytes verus*, Hunt with Tools », *Current Biology*, vol. 17, avril 2007, p. 412-417.

RIDLEY, M. *Évolution biologique*, Paris, DeBoeck Université, 1997, 719 pages.

STANFORD, C. « The Predatory Behavior and Ecology of Wild Chimpanzee », [En ligne]. [www-rcf.usc.edu/~stanford/chimphunt.html] (Consulté le 7 janvier 2007).

STRINGER, C., et P. ANDREWS. *The Complete World of Human Evolution*, New York, Thames & Hudson, 2005, 240 pages.

TORT, P. *Dictionnaire du darwinisme et de l'évolution*, Paris, PUF, 1996, p. 1346-1358.

WHITTEN, A., et C. BOESCH. « Les cultures des chimpanzés », *Pour la science*, n° 281, mars 2001, p. 86-93.

Sites Internet suggérés

Hominidés (Christian Chénier, et autres) : www.hominides.com

Ministère de la Culture et de la Communication de France, *Grands sites archéologiques* : www.culture.gouv.fr/culture/arcnat/fr

Musée virtuel du Canada, *En route vers un nouveau territoire* : www.sfu.museum/journey/fr/index.php

Index